決して怪しくもなく、怖くもなく、安定した収入が得られる仕組みがあり、
やりようによっては自己資金ゼロからでも始められることが理解できるでしょう。

しかし、不動産投資も「投資」に変わりはありません。
資金調達から物件の購入、管理、入居者募集まで一人で行うのは至難の業です。
また、投資家になるにあたっては、誰でも最初は初心者で経験不足。
思わぬトラブルに遭遇……、ということもないとは言えません。
そんなときに力になってくれるのが、パートナーとしての不動産投資会社です。

本書は、不動産投資に関心を持ち始めた人、
これから真剣に考えてみようと思っている人など
投資家予備軍のために、不動産投資を始める前の心構えや基礎知識から
メリットやリスク、頼れる不動産投資会社の選び方までを、
予備知識ゼロでもラクラクわかるように解説、
最後に特色ある投資会社をランキングで紹介しました。
本書が投資家への第一ステップになれば幸いです。

CONTENTS

心構えから、最近の市場動向、「不動産投資脳」の鍛え方まで

念のための「今から始める不動産概論」

何かを学ぶときには、全体を大きくつかんだ後、細部を学んでいくのが効率的で間違いがない。不動産投資も同じだ。ここでは、不動産投資を始めるにあたっての心構えから、押さえておきたい最近の市場動向、「不動産投資脳」の鍛え方まで、不動産投資を始める前に、その概要を大づかみにしておこう。

Lecture 1 不動産投資、念のための基礎知識

不動産投資の方法として、まず「土地活用」があげられる。土地活用にはいくつかの方法がある。賃貸物件を建てて貸すというのも一つの方法だが、ほかにも駐車場経営などもある。また、一般的に賃貸経営といえば、賃貸マンションなどの投資用不動産を取得してのインカムゲインを得るというものだ。

土地活用として借地による地代収入も検討してみる

まず土地活用だが、その代表例としては「自己所有地に賃貸物件を建てて建物を貸す」という手法がある。あるいは、自分で建物を建てるのではなく土地そのものを「借地」として地代収入を狙うという方向性もある。

自己所有地に賃貸物件を建てて建物を建てるとなると建築費などの初期投資もかなりの額となるが、借地の場合だとそれほどの費用もかからない。とはいえ、どちらの方法がいいのかは一概には言えない。将来的なインカムゲイン（賃料による運用収益）などを見極めて判断することが必要になるが、「信頼できる専門家」となりうる業者の力を借りるのがベターなのかもしれない。

「自己所有地に賃貸物件を建てて貸す」という際の検討事項

「アパートや賃貸マンションなどの収益用物件を自己所有地に建てて貸す」という土地活用を選ぶ場合、いくつかのポイントを慎重に検討する必要がある。

まず、収益用物件の建築について検討するには、物件の建築費はもちろんのこと、「どういう建物を建てるのか」「物件の管理はどうするの

大澤茂雄

Profile

おおさわしげお●宅建ダイナマイト合格スクール代表。1964年、東京都新宿区生まれ。1986年、日本大学法学部卒業。大学等で講師を務める傍ら、多くの不動産会社で顧問等として実務に携わり、生の業界の動きに精通。斯界の第一人者としてメディアへの登場も多く、専門書の出版や専門誌への寄稿多数。講演活動も積極的に行っており、人気講師として活躍中。著書に、『いちばんやさしく丁寧に書いた不動産の本』（成美堂出版）、『宅建受験小説 女子大生ナナミの挑戦』（ぱる出版）、『宅建超入門書 問題の読み方解き方』（とりい書房）、『合格しようぜ！宅建士 2018 音声付きテーマ別ベストセレクト問題集』（インプレス）などがある。

連絡先★新東京・不動産biz株式会社　宅建ダイナマイト合格スクール事務局
info@t-dyna.com

か」という点にまでしっかりと考えを及ぼせておくべきだ。

いくら土地があるからとはいえ、賃貸需要がないエリアでの建築は考えものだし、一方、賃貸需要が旺盛なエリアとなれば、こんどは他物件との差別化が必要となってくる。

いわゆるマーケティングということだが、そこには賃料設定なども含んだ「賃貸物件の管理」という側面もある。また、マクロ的な面からいえば、そのエリアの世帯数の推移、世帯の平均居住人数、昼夜間の人口比率など、いわゆる「人の数値（生活数値）」も把握しておきたいところだ。

マンション経営・アパート経営には「五つの投資スタイル」がある

一般に賃貸経営というと、「投資用不動産」「収益用不動産」と呼ばれる賃貸物件（建物）を取得して家賃（インカムゲイン）を得るというイメージがある。

この方法であれば自己所有地は不要であり、また、会社員などの「本業以外で不動産収益を手にしたい」というニーズにあった手段でもある。いわゆるマンション経営・アパート経営といわれるもので、その取得する賃貸物件により、次の五つの投資スタイルに分けることができる。

①中古ワンルームマンション（区分建物）の取得
②新築ワンルームマンション（区分建物）の取得
③中古戸建住宅の取得
④中古木造アパート・中古マンション（一棟）の取得
⑤新築の投資用不動産の取得

不動産投資のメリットとリスクも知っておく

不動産投資に関心が高まっている背景には、投資によるメリットが期待できるからにほかならない。

しかし、「不動産投資」とは「不動産」を活用した「投資」である。「投資」である以上、リスクもある。

不動産投資のメリットだけではなく、リスクについても知っておく必要がある。

まず、不動産投資のメリットだが、もちろん物件によってではあるが、一般的には次のようなメリットがあるといわれている。

①毎月、安定した不動産収益（賃料など）が得られる
②売却益（キャピタルゲイン）を狙える
③少ない自己資金でもはじめられる（ローンの活用）
④インフレに強い
⑤節税効果を見込める

一方、リスク（デメリット）としては、次のようなものが想定できる。

①流動性リスク（売りたいときに簡単に売却できない）
②空室リスク（想定した家賃収入が得られない）
③金利上昇リスク（融資を受けている場合、返済金額の上昇）
④災害リスク（地震などによる滅失、街自体の壊滅）
⑤入居者リスク（家賃滞納や事件による風評被害）
⑥建て替えリスク（区分所有の場合、事実上建て替えは難しい）

とかくメリットばかりに目が行きがちだが、投資を具体的に考えるならば、リスクについても十分に検討しておく必要がある。

いずれにせよ、事業（経営）であるということを理解しておこう

自己所有地の活用にせよ、賃貸物件の取得にせよ、いずれも「不動産の賃貸事業」に経営者として参入するのだという気概を忘れないことだ。

とくに金融機関からの融資を受けての不動産投資ということであればなおさらだ。

くどいようだが、不動産投資にチャレンジするということは、不動産の賃貸事業の経営者になるということだから、すべては自己責任だと腹をくくってほしい。業者に言われるがまま収益物件の建築や取得をした挙句、賃貸経営自体（サブリースを含む）を丸投げした結果、「こんなはずじゃなかった」という顛末を迎えることは、ぜひとも避けてほしい。

Lecture 2 大きく変わった不動産投資市況

投資金額の安さ、手軽で人気のあった中古ワンルームマンションや、利回りの高さが魅力的だった地方都市での一棟アパートへの投資……。果たして今後はどうなるのか。

すでに中古ワンルーム需要が一巡したとすると……

今までは著名な経済雑誌でも取り上げていた中古ワンルームマンションの投資。数年前に「サラリーマン大家さん」ということでブームを迎えた中古ワンルームマンション投資の世界だが、現時点ではじめるとなると、はたしてどうなのか。ネットや関連書籍などでも見受けられる「無理やり二戸も三戸も買わされる」「家賃が下がって赤字」といった「現状」も、たしかにあることはある。

中古ワンルームマンション投資の特徴は、手軽さにある。中古アパート一棟の投資物件と比べれば価格も安く、必然的に投資金額も下がるため、不安を抱きがちな初心者の「入門編」という位置付けだ。

購入者のイメージは、三十代半ばの男性サラリーマン。年収六〇〇万〜七〇〇万円の所得層という線か。業界がその層の人を「客」として狙っているということもあるのだろうが、その年代、その年収の人であれば、三十五年ローンを組んでも投資物件を購入することができる。

たしかにブームの当初は「投資」にふさわしい物件もあったのだろうが、業界にしてみれば中古ワンルーム投資市場は「おいしい市場」でもあったので、各社がこぞって参入した結果、はたしていま、お宝物件はあるのだろうか。そもそも「中古」ということなので、良質な物件は限られているだろうし、投資にふさわしくない物件を「サラリーマン大家」が入手してしまったら、それこそ死活問題になりかねない。

営業トークを見極めて、慎重に取り組むべし

中古ワンルームマンション投資は、投資初心者の「入門編」という位置付けということから、わずかな頭金、または頭金ゼロでローンを組ませ、中古ワンルームの物件の購入を誘う手法をとることもある。

毎月の家賃収入からローンの支払いやさまざまな経費を引いたものが収益として手許に残るはずだが、物件によっては最初から赤字だったり、あるいはほとんど差し引きゼロだったりするケースもある。

それでは投資とは言えないはずだが、「この投資は老後に備えるためのもので、今すぐに収益を上げるものではない」とか「給与所得と通算することで給与所得の税金が安くなる」とか「ローンが終われば全部利益なのだから、今は我慢」といった営業トークをよく耳にする。たしかにそういう面もあるが、ここはひとつ慎重になってみてはどうか。

物件によっては「老後に備える」という点で完璧なものもあるが、そもそも現時点でそういった物件は非常に高額となっており、いま無理して購入しても、老後の年金代わりとしての設計が成り立つかどうか。逆に、購入価格の安さにつられ、人気のない物件を取得してしまった場合、はたして借り手はいるのだろうか。

相続税増税、人口減少……、地方都市での不動産投資は終焉か!?

かつては、中古ワンルームマンション投資と人気を分け合っていた地方都市での一棟アパート投資も陰りが見えてきた。

地方都市とはいえ、もともとの需要と供給のバランスが均衡していた地域では、それなりにアパート経営も堅調であった。昨今のような不動産投資ブームが巻き起こるまでは、物件価格も三大都市圏に比べればリーズナブルであり、結果として、利回りも高い数値を叩き出すこと

ができていた。

当時は地方圏の一棟アパートを激安で買うことを指南する書籍（いわゆる「指値買い本」）も多く、「不動産投資といえば地方都市の一棟アパート」とでもいうような雰囲気もあったが、地方都市への不動産投資が人気を帯びるにつれ、物件価格が上昇すれば利回りも低下する。まったくうまみがなくなってきた。

それに加え、二〇一五年の相続税の増税も影を落とす。現金や土地よりも賃貸物件を持つほうが節税になるとして、地主がアパートを次々に建設していったことは記憶に新しい。結果的に地方都市での賃貸需要のバランスが崩れ、空室が目立つようになっている。そのうえ人口動態も逆風となり、地方都市ではすでに人口減少下にあることから、このままダラダラと不動産投資物件としての価値は下落していくと思われる。

収益化の見通しが立つ投資物件は、東京の都心だけ!?

潮目が変わってきた不動産投資市況ではあるが、いまあえて始めるメリットもある。もちろんリスクもあるが、最小リスクの投資術としていえることは、東京の都心部での不動産投資をせよということではないだろうか。はっきりいうと、東京の都心部でしか不動産投資はありえないといってもいい。もちろん三大都市圏でも可能性はあるが、ずば抜けて東京の都心部は強い。もちろん物件価格は高額になるが、それに見合うだけのリターンも期待できるからだ。

とにかく人が集まってくるところに活況があり、また、人は人が集まるところに集まる習性もある。このまま東京の都心部の一人勝ちだと思う。

ただそんな状況下での不動産投資であるから、それにチャレンジできうるのは経済力がある高額所得者のみとなるであろう。一般的な給与所得者がいわくつきの金融機関の融資を受け、多額の借金でがんじがらめになった挙句の死屍累々、破綻に次ぐ破綻状態をみれば、従来のような「サラリーマン大家」なる幻想は、もう振りまくわけにもいくまい。

収益性の見込める土地のめどさえつけば、コンパクトな一棟物の新築がベストなのではないだろうか。

人気エリアで生活したい単身者はひきもきらず、魅力は落ちないと思う。そういった物件であれば、出口戦略としての高額売り抜けも可能であろう。

そもそも「借金で投資」という実情に無理がある？

不動産投資は人生を賭けてするものではない。失敗したとわかったとき、「しまった。だけどいい勉強になったな」と笑って手仕舞いできる額であればいい。

たとえば、現金で不動産物件を取得したのなら、その物件を手放して精算すればいい。たとえ収支がマイナスになったとしても、自分の財産を減らすだけですむ。ローンを使ったとしても、十分な頭金が入れてあれば、物件を売却することでローンの残債を整理することができるはずだ。不足が出たとしても、ほかに十分な資産があればそちらから充当することも可能だろう。

しかし高収入とはいえない人がフルローンで投資物件を取得するということになると、はたしてどうだろうか。少しリスクが高いような気がする。

不動産投資では「出口戦略が必要だ」ともいわれているが、「この時点で売却すれば利益はこう出る」「ああなったら、この手を打つ」などと、将来的なリスクも想定して考え抜いておくというのも素人にはむずかしいかもしれない。

そもそも、多額のローンを組んで不動産投資をしようという姿勢を少し考え直すのもいいかもしれない。なんらかのアクシデント一発で人生が終わってしまう可能性もある。もしも本当に中古ワンルームマンション投資で儲けようと思うのなら、業者にすべておまかせするのではなく、まずは不動産に対する知識を高めるなど、地に足をつけて考えてからにしてみても遅くないと思う。

Lecture 3 「不動産投資脳」を鍛える

他人である業者に勧められての「不動産投資」ではなく、自分ごととして捉えている「不動産投資」。どちらが成功するかはいうまでもない。とはいえ、不動産投資のスキルは一朝一夕で身につくわけでもない。とはいえ、日常生活を送る中での少しの工夫で、「不動産投資」の前提となる「不動産を見る目を養う」ことができる。

不動産投資を他人任せにするから失敗する

ここ最近、「生涯賃金の低下による経済不安」「老後の年金不安」などと煽り、その解決策としてなんらかの商品やサービスを売りつけることを目的としている連中が多い。いわゆる「将来不安商法」だ。そういった記事やセミナーなどもよく目にする。

そんな「将来不安商法」の商品の一つに「不動産投資」が位置付けられたりしていることもあって、不動産事業に関係するわれわれとしてはとても残念に思う。

たしかに、ろくに儲かりもしない物件を目に余るセールストークで売りつけたり、できもしない将来の利益を約束したりする連中も多いため、業界がそういう目で見られるのもやむをえない面もある。

しかし、あえて苦言を呈するとすれば、不動産投資という名の「将来の不安解消策」を、たいして勉強もせず（知識武装もせず）に他人任せにしてしまえば、失敗するのは当然の帰結とはいえないだろうか。

「最低限の知識」がないならば、不動産投資などするな！

そもそも不動産や不動産取引の勉強として最適なのは、国家資格である宅地建物取引士の試験に合格するための受験勉強だ。裏を返せば、不動産業界の連中にとって必須の資格なのである。

ただし、例年、おおよそ二十万人が受験し、合格者は三万人、合格率一五％程度の難関試験であり、「冷やかし受験」で受かる可能性はきわめて低い。

しかし、いくら合格者数が少ないとはいえ、業界の人間なら多くの人が宅地建物取引士の資格を取得していると思いたい。ところが、はっきり言って申し訳ないが、資格未取得者のほうが多いのである。

たとえば、いまあなたを担当している不動産会社の営業マンは資格者かどうか。まずこの点を確認してほしい。

ひとくちに「東京二十三区」といっても……

さて、本題に戻ろう。不動産投資は、将来的には東京などの大都市でなければ成立しないわけだから、まず都市の仕組みに関する用語として、「用途地域（十三種類）」「建蔽率」「容積率」「接道義務」などは最低限でも理解しておいてほしい。そのほかにも多々あるが、各自で取り組んでほしい。

ではためしに、次のデータを見てもらいたい。ひとくちに「東京二十三区」といっても、まったく性格が異なることがわかると思う。

このように、不動産投資をするための「最低限の知識」に加え、投資を考えている地域の人口や世帯数なども調べてみるとよい。いずれもネットで簡単に入手できる情報で、そもそも人がいなければ街にならないし、不動産投資もへったくれもない。

基本的な知識やデータもなく、参加費無料で行われている「失敗しない不動産」などというセミナーに出向く人もいるが、いわゆるカモにされるのではないかと心配になる。そもそも、そういう他人任せの態度が失敗の元なのだ。

厳しいようだが、どの情報を調べればよいの

千代田区は工業地区は「0」、江東区は工業地区、大田区は住宅地区が多い

●単位：ヘクタール

	合 計	商業地区	工業地区	住宅地区
千代田区	364.83	317.02	0	47.82
新 宿 区	988.94	113.26	14.67	861.01
江 東 区	1486.16	67.50	418.45	1000.22
大 田 区	2503.13	32.15	240.91	2230.06
品 川 区	1153.69	79.56	145.42	928.70

出典：東京都統計年鑑

か、どういう視点で分析すればよいのか、まずは自分自身で考えてもらいたい。そのための時間と労力と金銭を惜しんではならない。

不動産を見る目を養う「散歩術」

一通りの最低限の知識と分析データを頭に入れたら、こんどは実践だ。

まず興味を持ったエリアや目星をつけた街を、実際に歩いてみてほしい。もちろん、都市計画図を役所で事前に入手しておくことが前提だ。そして用途地域や建蔽率、容積率を調べておく。

そんなに難しく考える必要はない。「お散歩」と考えればよい。散歩をしながら不動産を見る目を養い、不動産投資脳を鍛えるのだ。

実際に街を歩いて、見て、感じてみる。「なるほどこれが第一種低層住居専用地域か」と実感することが大切だ。

建蔽率と容積率の関係も、街角の風景で体感するのがいちばん手っ取り早い。建蔽率五〇％で容積率一〇〇％の住居系用途地域の街角と、建蔽率一〇〇％で容積率五〇〇％の商業系用途地域を見比べてみる。

あとは地価だ。地価公示による公示価格を調べてみる。商業系用途地域だと「地価は容積率に連動しているのではないか……」というようなことがわかってきたらしめたものだ。

住居系用途地域で賃貸物件での投資を考えているのなら、賃貸料の相場も必須情報だ。そういう「実感」を伴った情報をインプットしたうえで、利回りがどうしたこうしたというデータを集めてみる。するとまた新しい気づきがあると思う。

とにかく、実際に街に行ってみてどんな人が住んでいるのか見てみよう。街のありようを自分の感性で見て、感じることだ。

まとめ 「不労所得」だなんていうワケにはいかない

何度も繰り返して恐縮だが、「不動産投資で賃貸経営・初心者でも簡単確実・将来の不安も一発解消・夢の不労所得」などということは滅多にあるものではない。「ない」と言い切ってもよいくらいだ。

先述したように、不動産投資とは立派な事業である。その事業者として、経営者として、やるべきことはいっぱいある。

不動産を見る目を養うことももちろんその一つだが、たとえばマンションに手を出すなんてことであれば、あまりにも低額な修繕積立金に疑問を抱いたりするような感性も必要となる。税金面もしかりだ。

いずれにしても不動産投資で成功しようというのであれば、その背景となる不動産の広範囲な知識と経験が必要になるということを忘れないでほしい。もちろんすぐに身につくスキルではないから、適切なビジネスパートナーとなり得る業者を選ぶというのもひとつの方法だ。

くどいようだが、他人任せにはしないこと。成功するにせよ、失敗してしまうにせよ、どっちに転んでも自分の人生だ。

不動産投資という局面でも、どうか自分自身が主人公であることをくれぐれも忘れないでいてほしい。

Part 1

いまなぜ
不動産投資なのか

超低金利と破綻寸前の年金制度……
若い世代にとっても切実な将来不安の解消策として
いま注目を集めている不動産投資。
安全？　収入は？　自分にもできる？　ほかの投資との違いは？
不動産投資とはどのような投資なのか見てみよう！

超低金利時代、可能性が増す年金制度破綻……

現実になった「豊かな老後」が送れない時代

ゼロ金利時代で元本割れの危険も

バブルのころであれば定期預金の利率は６％を超えるところもあり、１０００万円を３年間預けると、２００万近くの利息が期待できました。しかし、現在の定期預金の利率はわずか０・０１％程度。３年間預けたとしても利息は３０００円、ここからさらに税金が２％ほど差し引かれるので、手元に残るのは２０００数百円。ちょっと豪華なランチが食べられるかどうかです。中長期の定期預金には複利効果があるとは言え、今後の現実的な物価上昇を考慮すると、元金が目減りしてしまうほどの低金利なのです。

政府では、年間２％程度のインフレを目標にしています。金融機関に定期預金で資産を預けていても、価値の目減りが現実のものになる可能性は決して低くない状況です。しかも時代はマイナス金利時代に突入しました。多くの銀行では、口座維持にも手数料を課すことも検討されているようです。

金融機関を投資先として魅力のない時代。いや、金融機関にお金を預ける意味さえ理解に苦しむ時代を迎えたのです。

より豊かに暮らすための資産形成はおろか、老後のための貯えを築くことさえできない状態です。

年金だけでは「一般的な生活」も送れない

しかし、年金で生活が支えられれば問題はありません。現在の支給される年金額を見てみましょう。

厚生労働省が発表しているモデル世帯に支給される年金支給額は、国民年金（夫婦合わせて）月13万円、厚生年金は月９万１０００万円、合計で約22万１０００円です。老後の一般的な生活費は27万５０００円（金融広報中央委員会「家計の金融行動に関する世論調査　平成27年」）と言われていますから、この時点で５万４０００円不足します。

しかし現実には、老後を迎えても交際費は必要、時には旅行にも行きたいもの。こうした生活費を加えた「ゆとりある老後」を送るのに必要な生活費は、35万４０００円（生命保険文化センター調べ、平成25年）に上り、公的年金の支給だけでは、13万３０００円不足することになります。

あらためて言うまでもなく、年金は現役世代が高齢者を支える制度。現在は３人の現役世代が１人の高齢者を支えていますが、２０５０年ごろには、１人の現

■普通預金金利の推移と国民年金納付率の推移

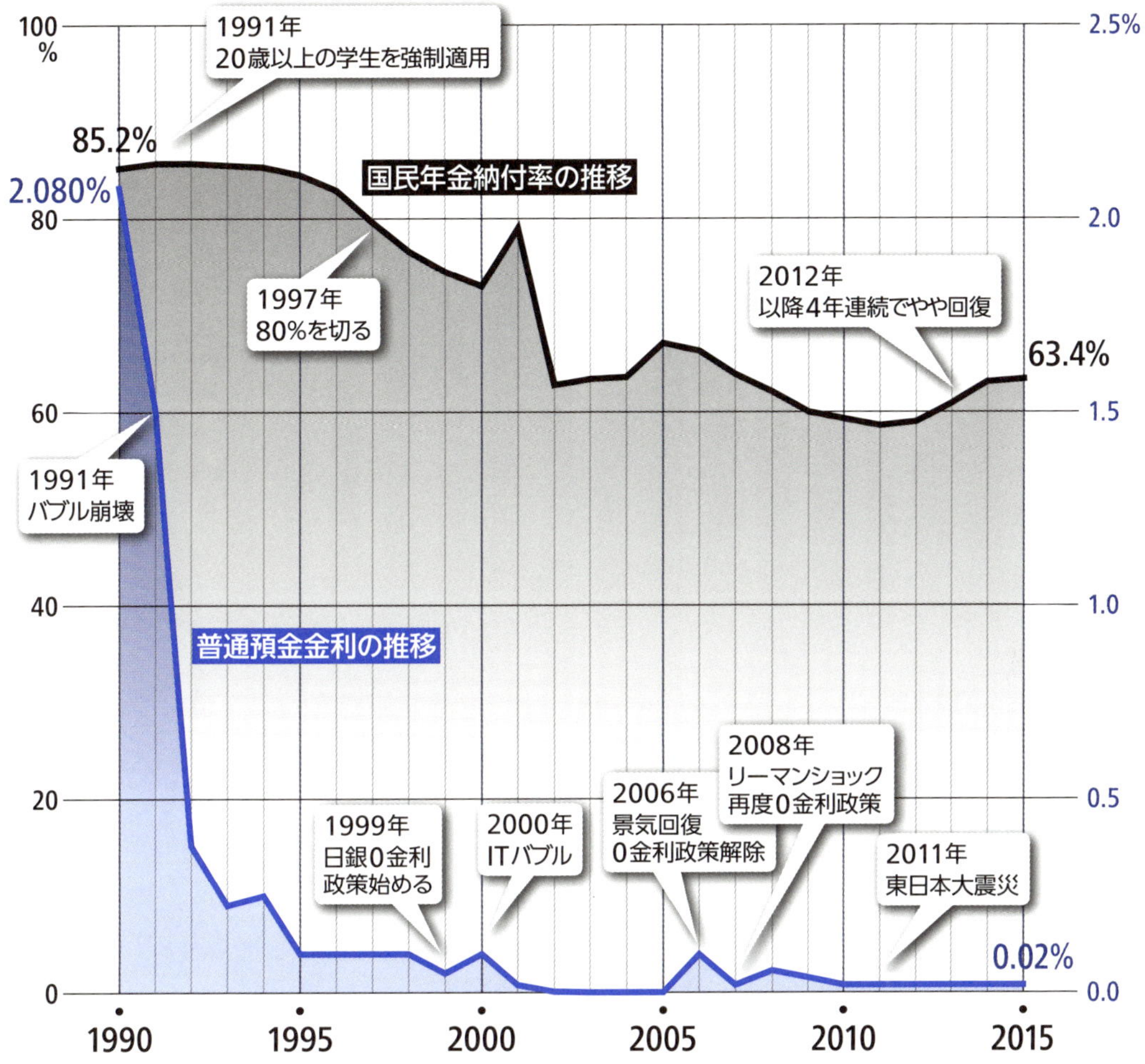

注：国民年金納付率の推移は厚生労働省　普通預金金利の推移は金融経済統計月報をもとに作成

役世代が1人の高齢者を支えるという予測もあり、年金制度の維持そのものが議論されています。これを何とか維持しようと、若い現役世代では支給開始時期を先延ばしにされたり、支給額が引き下げられる可能性は十分にあります。

かつては80％を超えていた国民年金納付率が、ここ数年で回復したとはいえ、60％台で推移しているのは、こうした状況を敏感に反映していると言えます。

「年金制度は今後も安全」を主張する人もいますが、前述のように現在の支給額では「ゆとりある老後」は夢のまた夢です。

だれも「負け犬老後」を送りたいとは思っていません。こうした事情から、金融機関にも頼らない、公的年金にも頼らない、将来の生活は自分で守るという意識を持つ人が増えてきています。

その行動の一つが、私的な年金となる、新たな資産投資先を検討するムーブメントです。

では、どのような資産投資があるのか、次項で考えてみましょう。

投資の安全性、危険性を考える

株式投資、FXのメリット・デメリット

3人に2人は株式投資に関心あり

より豊かな生活を送るための資金獲得、あるいは老後の生活の金銭的心配を解決するために、資産投資に関心を持つ人が増えています。

具体的にどのような投資に関心があるのか、ある調査で「やってみたい資産投資」をたずねたところ、63・6％の人が株式投資と回答しています。

株式投資は比較的馴染み深く、株主優待制度なども魅力なので関心を寄せる人が多いのだと思います。

しかし株券を保有しているだけでも、投資には変わりありません。投資先の業績によって預貯金では考えられないほどの大きな利益を得られる可能性がある反面、ビジネスモデルの陳腐化による業績の悪化、株価を下げるような不祥事が発生すれば、大きな損失を生む可能性もあります。最悪の場合、倒産となれば株券はただの紙になってしまいます。こうしたリスクを避けるには、投資先の情報を常にフォローする必要があります。

また株式投資は安値で買って高値で売った時に初めて大きな収入になりますが、それには常に市況を確認し株価の動きを予想しなければなりません。

株式売買のタイミングだけでも、常日頃から情報収集と研究にかなりの時間を割くことになります。

株価は投資先のパフォーマンスだけでなく、投資先の業界や関連業界のパフォーマンスにも影響されます。その意味で、儲かる儲からないはいわば運のようなもの。株式投資を行う場合は、「ハイリターン・ハイリスク」を十分認識して始める必要があります。

レバレッジというFXの落とし穴

株式投資とともに、資産投資で最近注目を集めているのがFX。FXとは「Foreign Exchange」の略で、日本語で

■FXと株式投資の比較

	FX	株式投資
投資の対象	通　貨	企　業
投資対象の数	20～50くらい	上場している企業数
変動要因	金融政策	企業の業績
金利・配当の受け取り	毎日	年に2回
レバレッジ	最大25倍	3倍（信用取引）
取引時間帯	平日24時間	昼休みを除く 9:00～15:00

は「外国為替証拠金取引」と言います。

株式投資の対象が企業であるのに対して、FXの投資先はドルやユーロなどの外国通貨(外国為替)。これを交換・売買し、その差益を得ることを狙った金融商品です。

利益の出し方は、外国通貨を安く買い高く売るという点で、基本的には株式投資と異なりません。

大きな違いとしては、株式投資がある程度企業情報が事前に公開されているのに対して、外国通貨に投資するFXの場合は、投資対象である外国通貨に対する情報がほとんど公開されていないという点です。その国の政府や中央銀行など、金融政策当局の思惑によって交換レートは大きく左右されます。その意味で株式投資以上に、運任せである側面は否定できません。

また、株式投資は日本国内における投資なので株式売買の時間が限られていますが、FXは世界が市場なので一日中気を張っていなければならないという面もあります。

それでもFXに魅力を感じる人がいるのは、元手の25倍までは投資できるレバレッジという制度で、少額からでも投資ができるからです。

FXを始める時には取引業者に口座を開設する必要があり、その時、預け入れ金(担保金)のほかに、「証拠金」「保証金」と呼ばれる一定のお金を担保として預けなければなりません。

もし失敗して証拠金だけでは清算できなかった場合、追加証拠金を入金して不足額を解消することになります。元本を失ったうえ、さらに負債を抱えてしまう。そんな危険性もあります。中長期的かつ安定的な投資を求めるなら、FXには手を出すべきではありません。

ほかの資産投資として国債や社債もありますが、これらは株式投資やFXよりもさらに専門的な知識を必要とします。純金積み立てはローリスクですが、大きなリターンが期待できません。次項では中長期的に安定してリターンが得られる投資対象を考えます

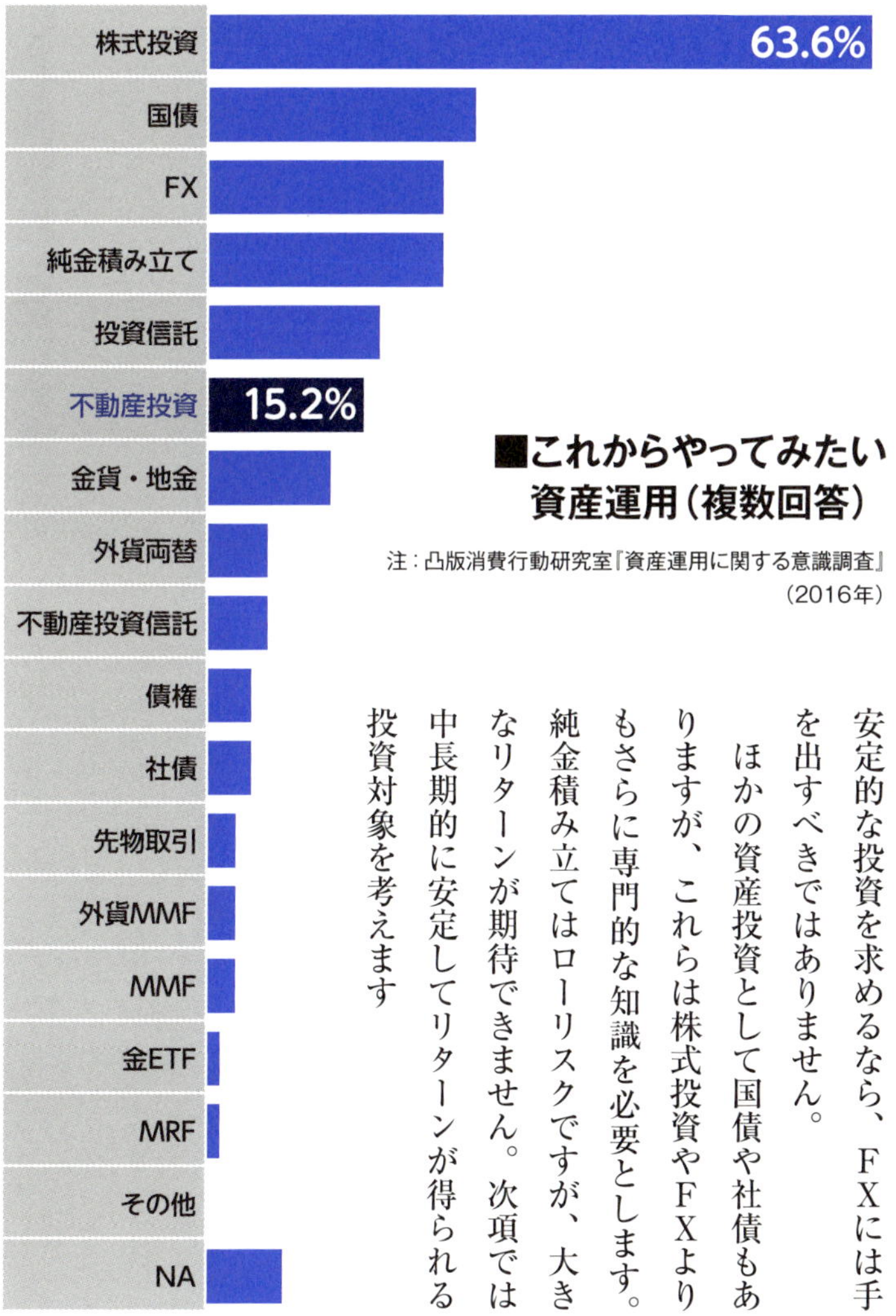

■これからやってみたい資産運用(複数回答)

注:凸版消費行動研究室『資産運用に関する意識調査』(2016年)

バブル期の「一獲千金的」な投資は昔の話

不動産投資こそ時代にあった投資

不動産投機ではなく不動産投資

　ゼロ金利時代を迎え、ますます金融機関の商品に魅力は落ちる一方。かといってハイリターンを期待できる株式投資、ＦＸではリスクも覚悟しなければならない。そこで、安定的かつ長期的にリターンが期待できる投資として注目を集めているのが不動産投資です。

　不動産投資というと、かつてのバブル期のように、土地の購入と転売を繰り返して大きな利益を上げた人がいたことを思い出すかもしれません。

　また一獲千金の夢を手にした人もいる一方、中にはバブルがはじけ土地やマンション価格が大暴落し、大きな損失を生んだ人もいたという話を思い出したかもしれません。

　そうした記憶から、「不動産投資」というと、「うさん臭い」「怪しい」「怖い」というイメージを持つ人は少なくないようです。

　ところが、現在の不動産投資の主流はバブル期のような投機目的のものではありません。

　簡潔に言えば、

・金融機関の融資限度額を最大に使い
・賃貸物件を購入し
・物件から得られる家賃収入でローン返済し
・完済後に物件を入手する

というものです。

　ローンを組むので自己資金を切り崩さずにすみ、完済後には購入物件が形として残る。物件入手後の家賃は、安定した収入になるという点が魅力です。

　バブル期の不動産投資が短期間に「売り抜く」ことがポイントだったのに対し、ここでいう不動産投資は、時間はかかるが確実に物件を自分の資産にするという点を重視しており、かつてのそれとは全く性格が異なります。

　最近では若い働く女性の中にも関心を

■リスクとリターンのイメージ

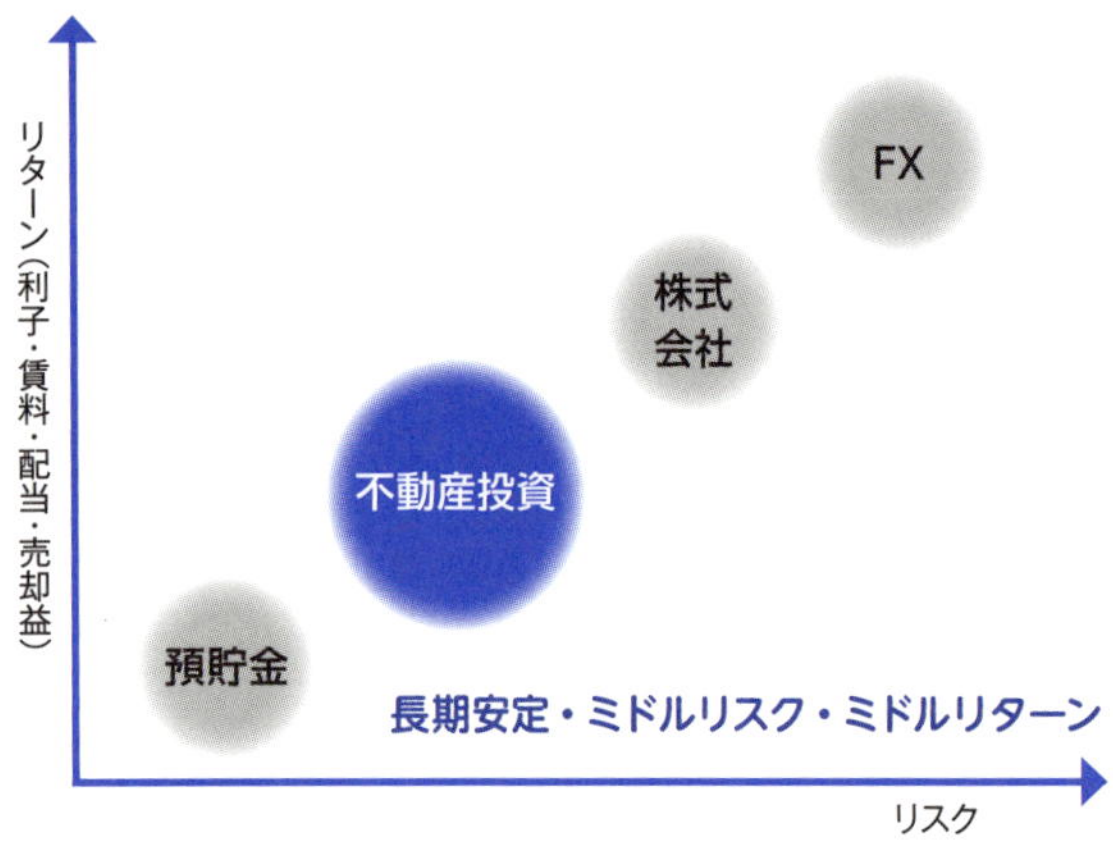

もつ人が多いというのも、かつてのような「怪しさ」がないからと納得できます。

魅力はミドルリターン・ミドルリスク

怪しさはないと言っても、株式投資やFXなどと比較してリターンやリスクはどうなっているのか。詳しくは後述しますが、株式投資やFXのように大儲けはできないものの、確実なリターンが期待できます。

たとえば首都圏のワンルームマンションを入手すれば、月々7万~10万円程度の収入が期待できます。月に最低七万円としても年間で84万円。管理費などを除いたとしても、利率0・01%の定期預金で得られる金額とは雲泥の差。もちろんローン完済前までは返済にあてますが、完済後は収入になり確実な老後の生活費の補填が期待できます。

またリスクについては、株式投資やFXが企業行動や為替の変動など、自分ではコントロールできない変動要素を数多く含む投資であるのに対して、不動産投資は自分でコントロールできるところが多くあります。その点で比較的リスクが少ない投資と言えます。

つまり不動産投資は、預貯金・株式投資・FXなどに比較して「ミドルリターン・ミドルリスク」の投資と言うこともできます。

本来の不動産投資は、長期的に安定した利益を目的とするもの。むしろバブル期が異常でした。超低金利時代、つのる年金不安……、こうした社会情勢を考えると、不動産投資こそ時代にあった投資であり、注目に値する投資と言えます。

■不動産投資に関心のある社会人女性の投資目的

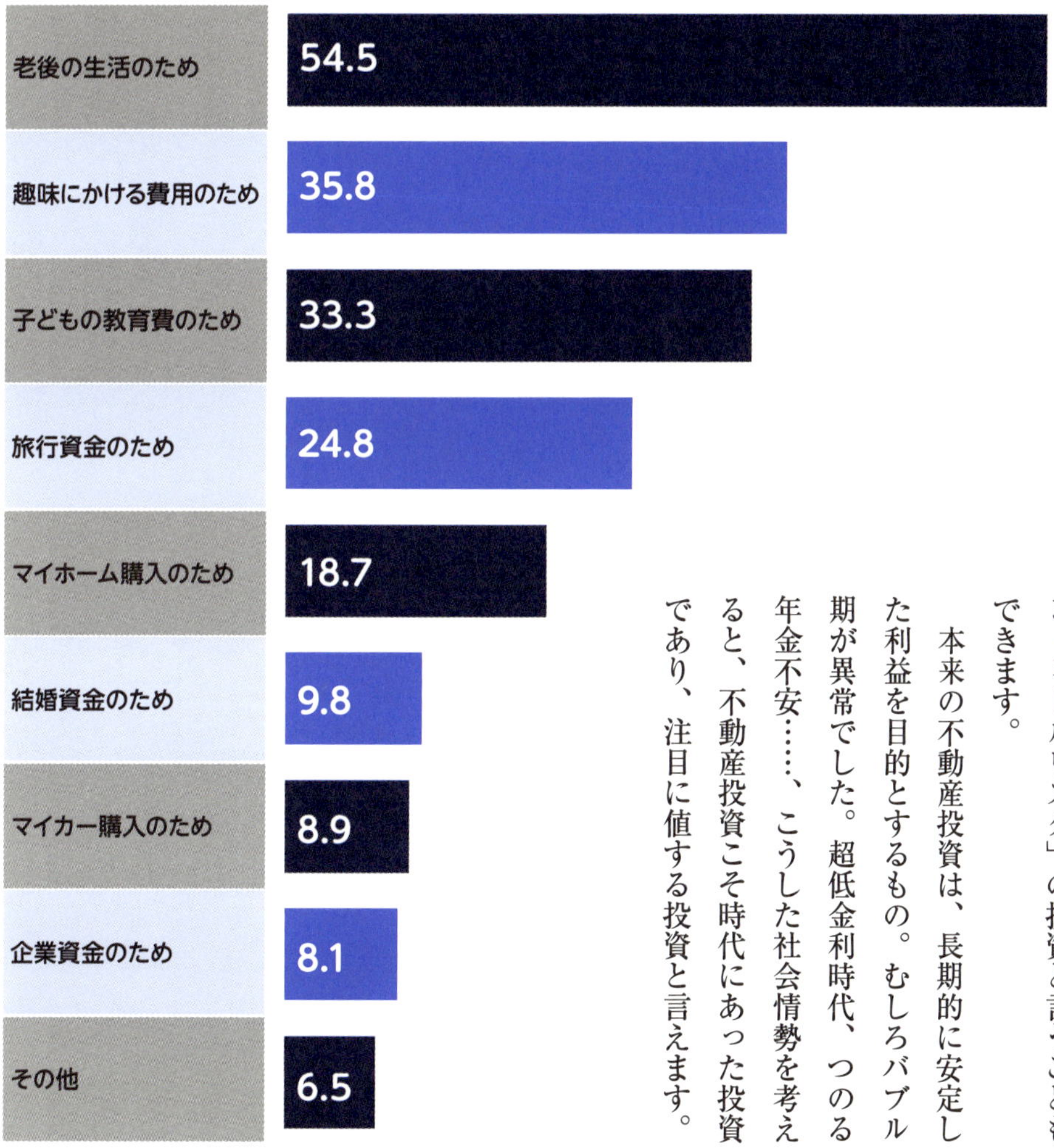

注1：インヴァランス「女性のお金と投資に関する意識調査」（2016年）
注2：全国の22～39歳の不動産投資に関心のある女性600人が対象

資金調達はローンで、家賃収入で返済が基本

不動産投資は長く安定した収入が大きな魅力

インカムゲインとキャピタルゲイン

ここでは不動産投資ではどのように収益が生み出されるのか、また物件を購入し賃貸物件として運用した時をシミュレーションしてみます。

不動産収入は、大きくインカムゲインとキャピタルゲインに分けられます。

インカムゲインとは、ワンルームマンション、アパートなど不動産を保有することで長期的かつ安定的に受け取ることができる収入。要するに家賃収入のことです。

インカムゲインは、一回ごとの収益は大きくはありませんが、毎月決まった金額が長期にわたって期待できるのが特徴です。

キャピタルゲインとは、保有している不動産の価値が変動することによって、得られる収入。土地の値上がりや、物件周囲の交通の便がよくなり、そこに建つ物件の価値が上がった時に得られる利益です。

不動産に限らず、絵画やゴルフ会員権、株式や債券などの価値が上がって得られるのもキャピタルゲインで、購入時価格より高値が付いた時に売り抜ける「値上がり益」のことを指します。

ちなみに、キャピタルロスという言葉もあります。これはキャピタルゲインの

■不動産投資における インカムゲインとキャピタルゲイン

インカムゲイン 運用によって得られる現金収入	キャピタルゲイン 資産価値の上昇・売却で得られる収入
不動産の場合は家賃収入	不動産の場合は土地価格の上昇、物件売却で得られる収入
毎月決まった収入を長期的、継続的に得ることが期待できる。家賃収入は不動産物件を入手するときに受けた融資の返済にあて、完済後は私的年金として安定した収入が期待できる。現在の不動産投資家はインカムゲインを目的にしている人が多い。	バブル期の不動産投資はキャピタルゲイン目当て。しかし、現在では土地の大きな値上がりは期待できないが、物件購入の際は、最低でも地価が下落しないような土地を選ぶのがポイント。地価が安定した場所の物件であれば売却時のキャピタルゲインが期待できる。

▼

物件の購入、運用には専門的な知識と情報が必要

▼

信頼できる専門家がいると安心

反対、つまり損失のことです。高くなると思って買った資産が、予想に反して値下がりしてしまった場合、そこで売却すると損失が生まれます。これがキャピタルロスで、建物は年々劣化していくので、基本的にはキャピタルロスが発生します。

うまくインカムゲインとキャピタルゲインを使い分けて、長期的かつ安定的なインカムゲインを取得しながら、景気の動向をみて地価が上昇してきたときに売却する。インカムゲインとキャピタルゲインを合わせて投資をするのが不動産投資の基本です。

「ローン返済は家賃収入で」が基本

では、インカムゲイン、キャピタルゲインを生み出す物件をどう手に入れるのか。まず、物件購入のための資金を調達しなければなりません。

ローンを組み金融機関から資金を調達し、そのお金でワンルームマンションやアパートなどの不動産物件を購入します。購入した不動産物件は賃貸物件として入居者を募ります。物件への入居者が決まれば、入居者から家賃(賃貸料)が入金されます。この賃貸料はそのままローン返済にあてます。

この時の収入となる賃貸料には共益費、駐車場があれば駐車場代、入居時の敷金・礼金なども含まれます。また、支出の大部分はローン返済ですが、そのほかに修繕費の積立金、火災保険・地震保険などの保険料などの経費もあります。

収入の総額から総支出を差し引いた残りが「収入」となります。収入が支出を上回れば、その差額が月々の収入となりますが、ローン返済があるので、それはわずかでしょう。ローン返済が多く、支出が収入を上回り、持ち出しになる場合もあります。収入を得たとしてもわずか、時には持ち出すこともある。それで投資として成り立つのかと疑問に思う人もいるでしょう。

しかし、月々の家賃収入でローン返済は確実に進みます。返済額が生活を切り詰めなければならないような高額でない限り、大きな心配は不要でしょう。

不動産投資は魅力ある投資

では、具体的に価格2500万円のワンルームマンションを、頭金300万円、年利1・8%、返済期間30年、借入れ2200万円で購入した時をシミュレーションしてみましょう。

■借入・物件購入・収益・ローン返済の関係図

■賃貸物件で得られる収益イメージ

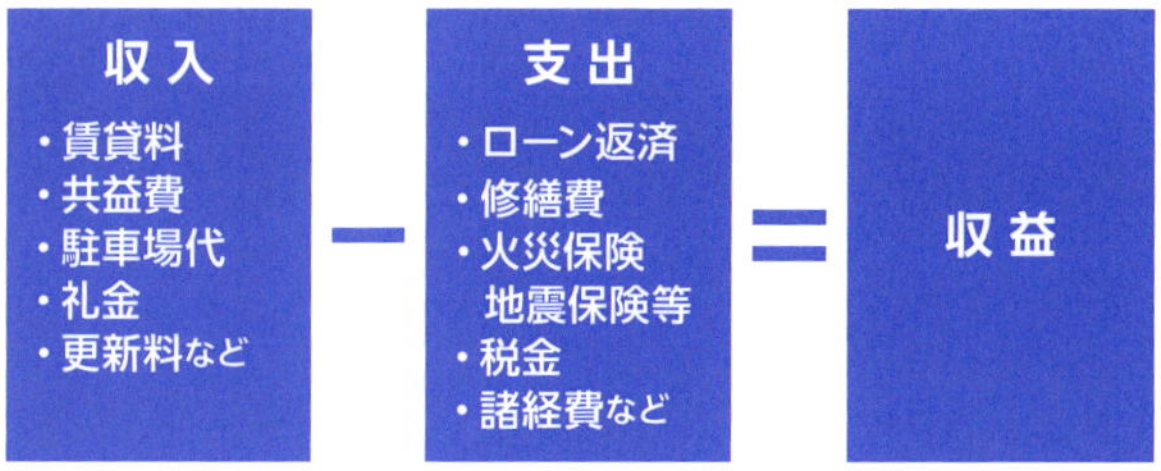

左の表にあるように、借入れ２２００万円と頭金３００万円でワンルームマンションを購入。あとはローンを組む時にかかる登記費用、事務手数料、不動産取得税などの諸経費がおよそ90万円。頭金と諸経費の合計３９０万円を自分で捻出します。毎月の収入は7万円の家賃と管理費1万円の合計8万円。同じく毎月の支出は、ローン返済と管理手数料等の合計で8万９１３４円。差し引き毎月９１３４円の持ち出しですが、この金額を毎月無理なく捻出できれば、投資として十分成り立つと考えられます。

家賃収入でローン返済は確実に進んでいるので、ローン完済後は物件は、真の意味で「自分のもの」になります。その金額が約３２８万円。これは３２８万円で物件を購入したのと同じこと。ローン返済後の家賃は純粋に自分の収入、インカムゲインになり、まさに私的年金と言えます。またローン完済後の物件は、経年劣化でキャピタルロスが発生しているものの、立地次第では１０００万円前後はかたいところ。多額の現金を手に入れたのと同じことです。

ローン完済後も物件を持ち続けインカムゲインを期待するのもよし、売却して現金収入を得る選択肢も残されます。

しかし、これはあくまでシミュレーション、物件の価格、借入れ金額、頭金の有無、返済期間、利率、ローンを組む時の年齢や年収、どの程度の保険に入るかなどの条件によって当然、収益も異なってきます。自分の条件で正確にシミュレートする必要があるのは言うまでもありませんが、不動産投資が魅力ある投資であることは間違いないでしょう。

■25㎡の新築分譲ワンルームマンションを購入した場合の費用・支出・収入のシミュレーション

物件購入にかかる費用	
物件価格	25,000,000円
借入	22,000,000円
頭金	3,000,000円
返済期間	30年
金利	1.8%
諸経費	900,000円
収入(月)	
賃貸料	70,000円
管理費	10,000円
合計	80,000円
支出(月)	
ローン返済	79,134円
管理手数料等	10,000円
合計	89,134円

ローン返済総額は8,487,827円
毎月80,000円－89,134円＝－9,134円の支出になるが……

9,134円×30年×12月＝3,288,240円
約328万円でワンルームマンション取得可能

31年目からは月70,000円×12か月=840,000円
31年目から年間84万円の収入が期待できる

Part 2

不動産投資
始める前の心構えと予備知識

知識もなく、明確な意識もなく、何かにチャレンジしても成功はつかめない。
それは不動産投資も同じこと。
まして不動産投資は大きなお金が動き、失敗は許されない。
投資家となるからには、心構えから不動産投資のメリットとリスクはもちろん、
物件の特徴までしっかり頭に叩き込んでおきたいもの。
これだけは押さえておきたい不動産投資の心構えと予備知識を紹介！

「知識」「意識」「論理力」を揃えることが成功への道

「サラリーマン根性」では絶対に成功しない

不動産投資を成功させるコツは、「サラリーマン根性」を捨てることです。

サラリーマンの方は気を悪くしないでいただきたいのですが、これは不動産投資に限らず、およそあらゆるビジネスに共通したポイントです。

たとえば脱サラで代理店ビジネスやフランチャイズビジネスを始める場合、失敗例の多くが、「サラリーマン時代の意識が捨てきれなかったこと」を原因としています。具体的に言うと、こういうことです。

●指示がないと動けない

●責任を取るのが怖くて決断が鈍る

●他人と歩調を合わせないと不安

はっきり言って、そういう心構えではビジネスの世界で勝ち残っていくことはむずかしいでしょう。元本保証のローリスクローリターンでコツコツやっていくべきです。

なぜなら、不動産に限らず投資の世界は文字通りの「弱肉強食」、みんなが幸せなんてあり得ない世界だからです。まずそのことを認識しましょう。

知識はもちろん、あればあるほど有利になる

「自分はこれから、弱肉強食の世界で戦うのだ」という意識ができたら、次は「知識」です。よく「どのくらい知っておけばいいの？」と聞かれますが、答えは「可能な限り、いくらでも」です。

とはいうものの、不動産投資にまつわる知識には果てがありません。建築のこと、不動産のこと、政治経済の情勢、金融知識、入居者となるべき潜在顧客たちの行動心理などなど、幅広い領域の専門知識を全部得ようとしたら、時間がいくらあっても足りません。

ではどうすればいいかというと、投資家である自分に直接関係してくることに優先順位をもたせればいいのです。要するに、その知識を持っていると得になるのか？　知らないと損をするか？　という尺度で知識を蓄えていけばいいでしょう。最初のうちは、よくできた入門書を読んで、それにしたがって情報を集めていくのが効率的かもしれません。

知識があまりないうちは、不動産投資会社とコンタクトするのは早いかも。どうしても向こうのペースに巻き込まれてしまいがちなので、ある程度の知識が身についたと思えるまでは、できるだけニュートラルな企業や組織の情報にアクセ

スするようにします。友人、知人に不動産投資に詳しい人がいれば、その人からいろいろと教わったり、質問したりしましょう。

「意識」と「知識」に「論理力」をプラスしたい

図に掲げたのは、「意識」と「知識」、それにもうひとつの大事な要素である「論理力」の関係をあらわしたものです。3つの要素が重なったところが不動産投資で成功するポイントとなります。

つまり、「意識だけ」「知識だけ」「論理力だけ」ではうまくいかず、「意識と知識」「知識と論理力」といったふたつの要素が重なっただけでもまだ不足ということです。

十分な知識があって、今提案されているプランが筋の通ったものであることが理解できても、なんとなく不安で尻込みしてしまっては、せっかくのチャンスが逃げていきます。これは知識と論理力があっても、意識が伴わない場合の例です。

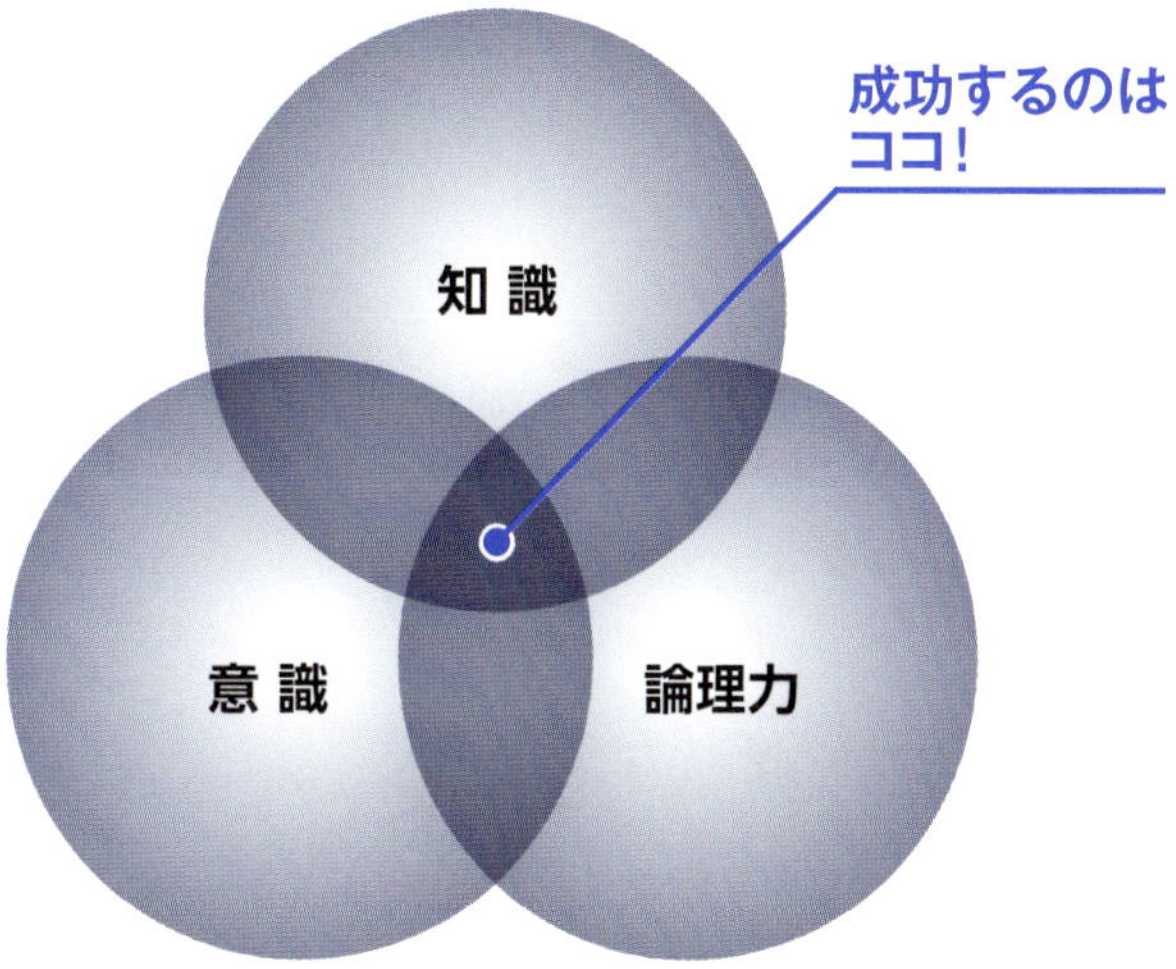

また、やる気とロジックだけあっても、「そんなことは現実にはまず起こりません」と専門家に否定されてしまうようでは時間のムダ。やはり、きちんと知識は持っておきましょう。

「知識がなくても、信頼できる不動産投資会社をパートナーにすればいいのでは？」という声もよく聞きますが、どんなに信頼している相手であっても、必ず「裏を取る」、すなわちダブルチェックをすることは必要です。人間がやることには必ずミスがつきものですし、誤解や誤認、聞き間違いはよく起こることです。あとで「しまった！」と思わないためにも、他人を過度に当てにせず、きちんと自立して取引をするべきです。

「論理力」のところに含まれるものに、「自己の客観視」があります。ビジネスには絶対にこれが必要。これがないと自分の判断を過信したり、「自分に限って、変なことは起きないだろう」と希望的観測と客観的な予測を取り違えたりしてしまいます。

「知識」と「意識」、そして「論理力」。これらをうまくバランスさせながら、投資家への道を歩んでいきましょう。この世界には絶対的な教科書はなく、決して間違わない指導者もいません。誰にでも等しくチャンスはあり、誰にでも同じようにリスクが存在するのです。リスクをなるべく小さくして、得るものを最大限に大きくする。それが投資の心得というものです。

不動産投資　始める前の心構えと予備知識❷

事業であること、「自己責任」を認識すること

「気楽なお小遣い稼ぎ」と思ったら大間違い

「頭金ゼロで月収20万円アップ！」といったコピーで不動産投資を誘う広告をときどき見かけます。たいてい新築のワンルームマンションを区分所有するタイプの投資案件です。

ところが、それで失敗してしまい、手に入れた投資物件はおろか、自宅まで手放し、職を追われ、ついには自己破産にまで至るという悲劇が後を絶ちません。

詳しく調べてみると、それらの当事者たちは、不動産投資に対する知識をほとんど持たず、ダイレクトメールや電話セールス、職域訪問などで知り合ったセールスマンの言いなりに投資物件を購入し、その運用がうまくいかずに泥沼にはまり込んでいるケースがほとんどです。

職業別で見ると、学校の先生や公務員など、銀行がすぐに融資してくれそうな、社会的信用度の高い人が多いようです。そういう人は得てして世間知らずのことが多く、「自分は大丈夫」「この人の言う通りにすれば損は出ない」と行動を起こしてしまい、最後に「こんなはずじゃなかったのに」と後悔することになります。

気軽なお小遣い稼ぎと思って不動産投資をすると、こういう落とし穴に引っかかることもあるのです。ですから、不動産投資に興味を持ったら、その瞬間から「これは事業だ。新しく会社を起こして商売を始めるのと同じことなんだ」という意識を持ってください。

向こうからやってくるセールスは信用しない

先に挙げた「悲劇」をもう少し詳しく見ていきましょう。その上で、失敗しない不動産投資のために何が必要なのかを見きわめていきましょう。

まず、向こうから熱心に勧誘してくる不動産投資会社は怪しいと思ってください。すでに言いましたし、これからも何度も繰り返しますが、不動産投資は事業です。あなたが事業主で、投資会社はパートナーです。もしあなたが何か事業を新しく始めるときに、一緒に組む相手を電話帳で探したりしますか？　飛び込み営業をかけたりしますか？

熱心に営業してくると、悪い気はしないものですが、そういう相手はパートナーではなくて「買い手」を探しているだけなのです。不動産投資というセールストークで、ワンルームマンションなどの物件を買ってもらいたい。それが最大の目的です。買い手が投資で儲かるかどう

かなどは、極端なことを言えば「知ったことではない」なのです。

そして、説明をよく聞いてみると、不動産投資の知識がある程度あれば、穴だらけの「うまい話」です。たとえば収支表で10年間家賃がずっと変動しなかったり、空室率が90％台で動かなかったり。リフォーム代も計上されておらず、固定資産税が抜け落ちていたりします。それでギリギリ黒字なら、現実は絶対に赤字になります。

「自己責任」を意識するのが最低限の準備

下に掲げたのは、「不動産投資に事業として取り組む」ためのポイントです。先に例に挙げた失敗例は、この要素をすべて外しています。

たとえば、今あなたのところにセールスに来ている不動産投資会社があるとすると、こう考えてみてください。

「この人の会社がつぶれても、自分が不利益を被らないためにはどうすればいいか」

事業なのですから、こちらにつぶれる可能性があるのと同様に、相手もつぶれるかもしれません。先に挙げた悲劇の中には、投資会社が夜逃げをしてしまったという例も含まれています。

「まさか、そんなことが」「大丈夫だと思って安心していたのに」といった言葉は、事業の経営者であるなら口にしてはいけません。最近は「想定外」という言葉が流行していますが、そんなことを言っていられるのは、公務員か大企業の人だけです。

同じく最近流行している言葉は、「自己責任」です。人はみな自分の人生に責任を持って生きていますから、当たり前なのですが、それが当たり前でない人たちがたくさん出現してしまった。それで改めて「自己責任」を強調する必要があるわけです。

政府や自治体が面倒を見てくれる。会社が面倒を見てくれる。学校が面倒を見てくれる。そういう豊かな社会になった副作用として、依存心の強い人が多くなりました。フランチャイズ方式でビジネスを展開している企業の中には、あまりにも依存心の強いオーナーばかりなのに嫌気がさして、対象を自分の社員だけに限定してしまったところもあります。

少なくとも、これから不動産投資を始めようとしているあなたは、「自己責任」であることを強く自覚してください。ビジネスの大海の中で生き長らえていくためには、それが最低限の準備です。

不動産投資は「事業」である

- 失敗すれば人生が破綻する可能性もある
- 十分な準備をしてからスタートする
- 不動産、金融などの知識をしっかり持つ
- 他人の意見に流されない
- 「自己責任」であることを覚悟する
- 周囲の賛同を得てから始めること

しっかりとした人生設計を立てておくこと

何のために不動産投資をするのか？

ここでは「不動産投資には人生設計が欠かせない」というお話をしたいと思います。なぜ不動産投資というビジネスに人生設計が関わってくるかというと、あなたが今後どのような人生を送りたいと考えているかによって、手を出すべき不動産の種類が変わりますし、それをどのように展開していくかも違ってきます。さらに言えば、つき合うべき不動産投資会社も異なってくるはずです。

たとえば、投資目的が「早期退職をして悠々自適の老後を送りたい」というのでしたら、目標とする年収を決めて、その額が安定して入ってくるようなパターンの不動産投資を計画します。都心部に10戸程度のアパートか賃貸マンションを10棟程度持てば、その目標がクリアできるかもしれません。

その場合、いきなり10棟を購入するのは不可能ですから、順次1棟ずつ購入する計画を立てます。そういう投資の方法を得意とする不動産投資会社と組めば、目標達成までの時間が短縮できるかもしれません。

あるいは、「孫に小遣いがあげられるだけの収入源があればいい」といった目的なら、1、2棟持っているだけでもいいかもしれません。「将来、子どもが住む予定だが、今は貸したい」というケースもよく聞きます。不動産投資と言っても、人それぞれなのです。

いったん立てた予定は変更してもかまわない

ご自身にとって、不動産投資がどういうポジションを占めるのか、具体的に言うと「副業」なのか、「本業」なのかをはっきりさせておく必要があります。

もちろん、副業でスタートして順調に事業が成長し、脱サラして本業化するというケースは多く、逆に最初に決めた通りに推移するほうが珍しいかもしれません。それでも、「どういうつもりで始めるのか」ははっきりさせておいたほうがいいのです。

よく「企業理念なき会社は伸びない」と言います。自分たちが何を目指すのかを明確化していないと、事業が迷走してしまうことがあるからです。不動産投資も事業なのですから、企業理念までは定めなくても、ゴールは決めておいたほうがいいでしょう。

たとえて言えば、山歩きハイキングで「お昼までにあの峠に着こう。そこで昼メシだ」と計画を立てるようなものです。「毎月10万円の純益が出るまで、がんばるぞ！」といったものです。

山歩きハイキングが、「予定よりもペースが速いから、次の峠まで行っちゃおうか」と予定変更をすることがあるように、投資でも「10万円はクリアしたから、次は15万円だ」という目標変更はあり得ます。むしろ、それを繰り返しながら進んでいくのが、不動産投資の健全なあり方かもしれません。

「ゴール」から逆算して投資計画を立てていく

図は、サラリーマンの方がある時から不動産投資を始め、それが順調に推移して退職後も安定した収入になっている状況を示したものです。不動産収入だけで若いころの給与分くらい稼げているので、老後資金に困ることはないでしょう。

おそらく、これだけの収益ですから、物件も複数お持ちのはずで、ある程度のお歳になったら、相続対策も考える必要が出てきます。

この状態をひとつのゴールと考えて、そこから逆算して不動産投資の計画を考えるという方法があります。やみくもに儲かったから次を買うと拡大を目指すのとは違い、しっかりしたシナリオがあるので冷静沈着な投資活動ができます。

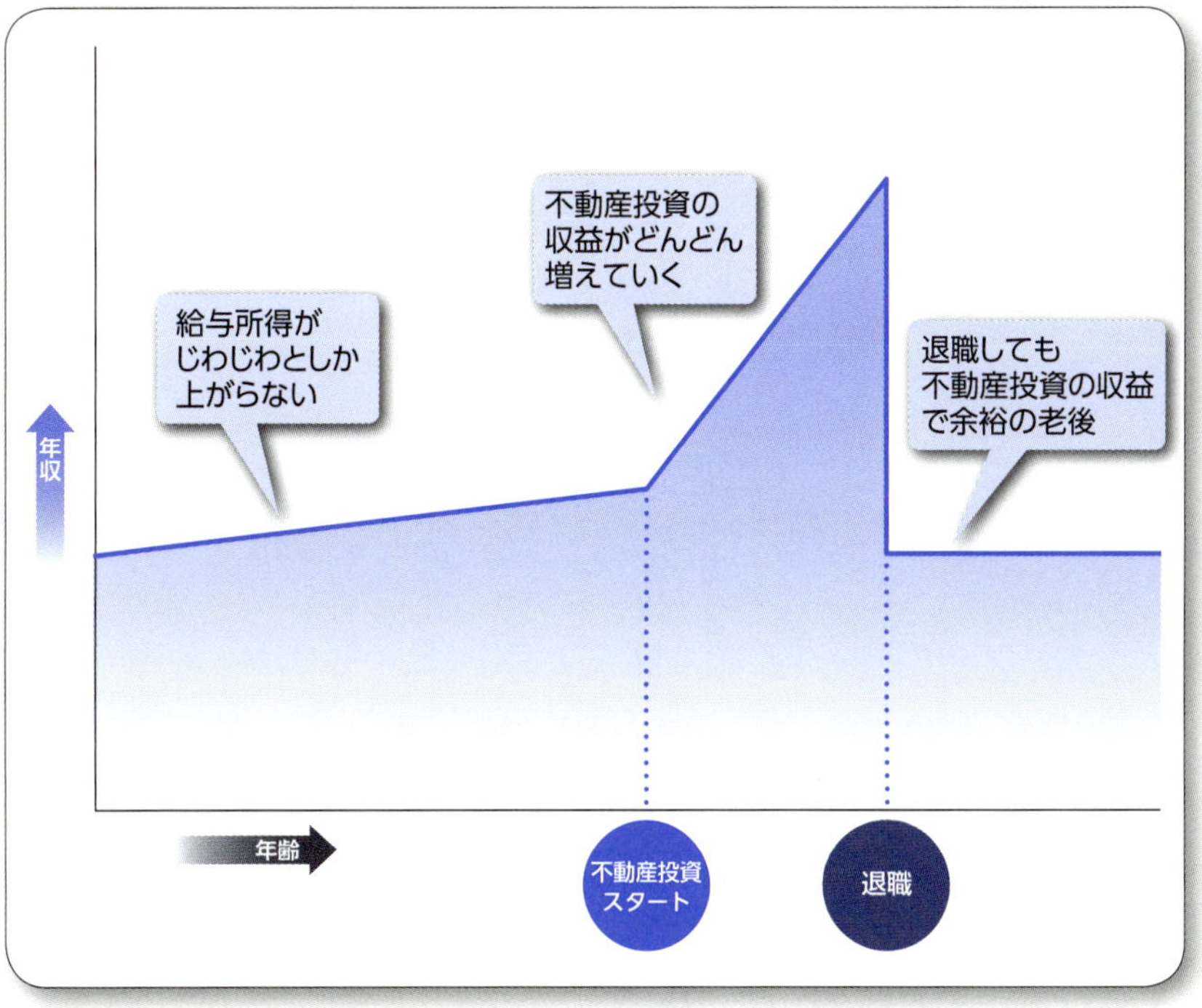

望ましいのは、そういう計画を一緒に立ててくれる知人や不動産投資の先輩がいることです。初心者の段階では、ひとりでそういう計画を立てるのはなかなかむずかしいでしょう。かといって、投資会社に頼むと、向こうの得意とするパターンに引き寄せられてしまう可能性があります。

利害関係のない先達のことを「メンター」と呼びますが、とくに事業構築にあたっては、メンターの存在は重要です。投資セミナーなどで、気になる人がいたら、遠慮せずにどんどん接近していきましょう。そういう人の存在も、張り合いになるものです。

不動産投資　始める前の心構えと予備知識 ❹

家族の理解と協力を得ておくこと

失敗する人は、たいてい家族に内緒で始めている

不動産投資に限らず、何か新しい事業を始める場合、重要なのは家族の同意と協力です。そこを軽視して、「儲かってから話せばいいや」と一人で勝手に始めてしまうと、後でトラブルの元になりますし、一度こじれてしまうと、説得に時間がかかってしまい、後ろ向きのエネルギーを使う羽目になります。

「でも、説明が面倒だし、反対されたらいやだから」と思う人が多いようですが、家族すら説得できないようでは、新しい事業での成功などおぼつきません。金融機関の人などは、「家族が説得できなくて、どうやって金融機関から融資を引き出すつもりなのでしょう。金融機関のほうが家族よりも話しやすいと思っているのでしょうか」と首をかしげています。

それはまったくその通りで、家族に思いを伝えられないような人は、他人を相手にするビジネスではさらに困難に直面することになるでしょう。

「うまく思いを伝えられない」という人は、セミナーや見学会などに同行してもらえばいいのです。離れた土地で行われるイベントに一緒に出かければ、そのイベント自体はつまらなくても、いろいろなところに立ち寄ることができるので、ちょっとした行楽になります。家族サービスと投資の勉強の一石二鳥です。

そういう工夫をすれば、きっと理解してもらえるはずです。

融資の都合によっては家族の保証が必要になることも

いくら「家族の協力なんて、いらない」と突っ張っていても、金融機関から家族の保証が必要と言われたら、どうしますか？　配偶者や子どもに収入がある場合、連帯保証人になってもらうことが条件というケースはままあります。それまで知らん顔していたのに、急に平身低頭するというのは、あまり格好のいいものではありませんね。

一般の人は連帯保証に対していいイメージを持っていません。いきなり「連帯保証人になってくれ。頼む」と言っても、すんなりＯＫはしてくれないことが多いでしょう。

そのためにも、不動産投資を考え始めた当初から、家族とよく話し合って、一緒に行動してもらうようにするのがベターです。そうすることで、投資というものの性質や、連帯保証がなぜ必要かなどが自然に理解してもらえるはずです。

もっと積極的に協力してもらうためには、友人、知人で不動産投資に家族ぐるみで取り組み、成功している人のところを訪ねることです。「いいなあ、うらやましいな」と思ってもらえれば、しめたもの。「協力してもらう」より一歩進んで、「運命共同体として一致団結」という形に持って行けるかもしれません。

「家族の理解」を軽視せず、本気で取り組んでいけば、それだけ成功の確率が高くなるでしょう。

家族が団結して取り組めば事業として継承していける

家族の理解がある場合と、ない場合について、表にまとめてみました。意外に無視できないのが、「雑用を分担してもらえる」という部分です。

たとえば、自分一人で不動産投資をやっていて、家族の協力を得られない場合、印鑑証明書や戸籍謄本などの公的書類が必要になったら、自分で取りに行かなければなりません。今はお役所のサービスもかなり便利になっていますが、それでも足を運ばなければならないものはあり、仕事を半日休んで対処しなければならないケースも出てくるでしょう。

でも、家族の協力があれば、誰か手の空いている人に取りに行ってもらうことができます。

■家族の協力が不動産投資の成否を左右する

家族の協力が得られない場合	家族の協力が得られる場合
細かい雑用も一人でやらなければならない	雑用を分担してもらえるので楽
重要な面談や大事な決断を一人でしなければならない	面談に同行してもらえるし相談できる
家族の協力が得られていないと金融機関などの心証が悪い	家族の協力があると金融機関などの心証がよい
節税の方法が限られる	いろいろな節税方法が使える
不動産投資でトラブルが起きると家庭内でもめる可能性も	不動産投資でトラブルが起きると家族が一致団結できる
事業継承できず、相続が面倒になる可能性も	事業継承、相続で不動産投資を次世代につないでいける

また、一人で孤立してやっていると、むしょうに孤独を感じることが出てきますが、家族の協力があれば大丈夫。重要な面談に同席してもらったり、一緒に判断してもらったりすることもできます。

さらに、家族の協力があれば、一家全体で投資事業を考えることができるので、節税や相続の場合の選択肢が多くなります。投資事業を法人化してしまえば、家業として次世代に渡すことも容易です。

家族に黙って一人でやっていると、何かトラブルが発生したとき、それがいきなり家庭の危機につながりかねません。家族にはすべてをオープンにして、協力を仰いでおくべきです。

あくまでも「投資物件」と認識しておくこと

自分なりの「理想の物件」を考えてみる

さて、いろいろと不動産投資の心構えについて見てきましたが、そろそろ現実的な話をしてみましょう。投資事業の主役である物件選びの話です。

まず押さえておかなければならないのは、投資物件の取得は、自宅を購入する場合とはまったく違うということです。みなさんはこれまでにご自宅を購入された経験があるかもしれませんが、それはどのような経緯で決定に至ったのでしょうか。少なくともその土地に、その建物に愛着を感じて選ばれたのではないでしょうか。

でも、不動産物件選びには、愛着とか好みとかはまったく必要ありません。むしろ、そういうものは邪魔です。この場合に必要なのは、ドライで冷静な判断力です。その判断の指標は、「この物件は『買い』なのかどうか」のみ。いろいろな要素を考え合わせた上で、その物件が投資金額に見合う「稼ぎ」を作り出してくれるかどうかを判断します。

さらには、将来の値上がりや、建物を取り壊して更地にした場合の価値も値踏みします。その土地の実勢価格と販売価格の差、土地価格と家賃相場の比較なども要素になります。

たとえて言うなら、自宅購入が「結婚」だとすると、不動産投資物件の取得は「社員の採用」です。後者には「あばたもえくぼ」はありません。

投資物件を見るときは冷静かつ客観的に

これまでに、不動産投資には計画が必要であると述べてきました。人生設計に関係したシナリオが必要であるともお伝えしました。したがって、最初の不動産投資はとても重要です。

たとえば将来的には複数の物件を所有して、生活資金をすべて家賃収入でまかないたいと考えている場合、最初の投資でつまずくと、あとの計画が遅れてしまうか、修正が必要になります。それを避けたいと思うなら、最初の投資には失敗は許されません。

では、失敗しない物件選びのためにはどうすればいいのでしょうか。まずは、だいたいの投資計画を作り、それに沿った購入計画を立て、自分なりの物件選びチェックシートを作りましょう。

たとえば、あるエリアである条件の物件を5000万円で買い、そこからの収益が年間400万円というモデルを想定してみましょう。この場合の利回りは8%になりますね。

次には、どんな立地のどういう物件だったら、その条件を満足できるかを考え、調査します。家賃6万円のワンルームマンションが8戸ある築10年の中古物件がその条件を満たすとしたら、その次はあら探しです。

修繕の必要はないか、周囲に環境を悪くする材料はないか、近くに競合物件はどのくらいあるのかなどです。

「入居者の気持ち」になってみることが重要

ここに掲げた表は、物件選びのチェックシートです。これはあくまでも一例で、実際はもっと精密なものを作られたほうがいいでしょう。

この例に沿って話を進めると、エリアは東京の東急東横線沿線。都内では人気のエリアです。ここでチェックシートにある項目をすべて満たすような物件を探していくわけです。今はインターネットでも物件が探せますが、基本は足で稼ぐことでしょう。そのほうが、現場の空気を肌で感じることができます。

エリアを決めるときは、賃貸価格と土地価格の比率が参考になります。土地価格に対して賃貸価格が割安なのか、割高なのか。これを細かく見ていくと、利回りの高いエリアが見えてきます。たとえばある土地は近くの繁華街にくらべて土地価格は3分の1だが、2DKアパートの家賃は2万円しか違わないとか。となれば、その場所の物件は安く買えて高い収益をもたらす可能性が高いと言えます。

候補物件が出てきたら、入居者の気持ちになってチェックします。このときに大事なのは、どんな入居者を想定しているかです。学生が相手の場合と、新婚夫婦が相手の場合では、要求される項目がかなり違うからです。学生なら、繁華街に出るのに便利で、家賃が安いことが第一条件になるでしょう。女の子だったら、周辺環境や部屋の設備、セキュリティが気になるでしょう。新婚さんは、買い物の利便性や周辺の静かさ、ご近所の人種、部屋の収納設備などを求めるかもしれません。

そして大切なのは、資金繰りです。キャッシュでポンと購入できるのなら問題ありませんが、多くの人は金融機関の融資をあてにしているでしょう。実際に融資が得られるのかどうか、そこがカギとなります。

■不動産投資物件選びのチェックシート例

取得価格	5000万円以内
エリア	東急東横線
立地	急行停車駅徒歩10分以内
物件タイプ	ワンルームマンション
区分or1棟	1棟
中古or新築	中古
築年数	10年以内
利回り	8%以上

不動産投資　始める前の心構えと予備知識❻

メリットとリスクを認識しておくこと

投資にメリットとリスクは付き物

ここまで不動産投資を始める時の心構えについて述べてきました。最後の心構えとして、不動産投資のメリットとリスクについて述べておきます。

不動産投資についてネットや入門書などで情報を収集すると、「自己資金ゼロからでも始められる」「高利回りが期待できる」など、想像するだけでも明るい未来が約束されているような、さまざまなメリットが紹介されています。

しかし、投資の対象が不動産であるということだけで、「投資」であることに変わりはありません。

投資であれば、当然「おいしい面」もあれば、「危険な面」もあります。ここを十分に認識せずに始めてしまうと、後になって「こんなはずではなかった」と、辛い思いを味わうことになりかねません。幸いに順調に進んだ時は、素直に成功を喜べばよいのです。

転ばぬ先の杖という言葉もあるように、不動産投資におけるメリットにはどのようなものがあるのか。またそのメリットが、メリットとなるにはどのような条件、背景があるのかを、以下7項目紹介していきます。

また、不動産投資にはメリットがある一方で、不動産を対象にした投資であるがゆえのリスクもあります。

物件を購入し賃貸を開始したが、肝心の入居者が見つからない、いわゆる「空室リスク」は不動産投資ならではのリスクでしょう。

しかし、「敵を知り己を知れば百戦して危うからず」という言葉もあります。リスクにはどのようなものがあり、どのような場合にリスクとして顕在化してくるのかを、あらかじめ認識していれば、事前に避けて通れるものも少なくありません。

39ページから紹介する7つのリスクでは、想定されるリスクとその内容、またどのような準備をしておけば回避できるのか、あわせてその対策についても触れました。

メリットとリスクの両面を認識する

ここで取り上げたそれぞれ7つのメリットとリスクは、ネットや入門書などでもっともよく紹介されていると思われるものから選びました。すでに本書以外で勉強している人には既知の情報かもしれません。

しかし、不動産投資では大きなお金が動きます。大きなお金だけに、将来の生活に対しても大きな影響を与えます。それだけに不動産投資を検討する時は、さまざまな問題点や課題を検討しすぎるということはありません。

よいところばかりに注目してリスクは考慮しない。リスクばかりを見てしまい、チャンスを見逃してしまう。どちらも賢いやり方とは言えません。

不動産投資における「期待できる面」と「危うい面」、この両面をしっかりと認識し、自分のライフプランに適しているかどうかを熟慮し、慎重に始めることが肝要でしょう。

不動産投資のメリット merit 5

1. 始めてしまえば管理が楽
 本業と両立しやすい
2. ローンで資金調達するので
 少額の自己資金からでも始められる
3. 長期的かつ安定的な収入が期待できるので
 私的年金として有望である
4. 路線価は公示価格より安いので
 相続税対策に有利である
5. 売却すればまとまったお金になるので
 生命保険のかわりになる

不動産投資のリスク risk 7

1. 物件は手に入れたが入居者が…
 空室リスク
2. 約束が守れない入居者もいる！
 家賃滞納リスク
3. 避けられない物件の経年劣化
 家賃低下リスク
4. 金利は常に変動するもの
 金利上昇リスク
5. 物件購入時に見落とすと計画に影響する
 費用リスクと欠陥物件リスク
6. 自分では制御できないリスクもある
 火災・天災リスク
7. 売却で思わぬお金が出ていくこともある
 不動産売却リスク

不動産投資のメリット

merit 5-1

始めてしまえば管理が楽

本業と両立しやすい

■堂々と副業ができる時代になった

以前は「副業をしている」というと、本業をおろそかにしているようで、あまりよいイメージがありませんでした。

しかし2016年4月、ロート製薬が副業を認め話題になりました。あまり知られていませんが、日産自動車、富士通、花王などの大手企業も以前から副業を認めています。

この傾向は大企業だけではなく、ベンチャー企業のなかには「専業禁止」、副業をすすめる会社さえ出てきました。もっともこれは、社員に副業として起業を促し、副業をとおして経営感覚を身につけてほしいというのが狙いのようです。

なぜ企業が副業を認めるようになってきているのか。それはＩＴが進み、在宅勤務ができるようなインフラが整い、いろいろな働き方ができるようになった今、副業を認めてでも人材をつなぎ留めておかないと、転職されてしまうリスクが出てきたからです。

またシャープや東芝の例をみるまでもなく、大企業だからといって将来にわたって安泰という時代ではありません。

かつてのようにサラリーマンとして一企業に依存できなくなっている不安が、会社の枠にとらわれない「自由な働き方」を選択させているともいえます。

■物件を購入後は手間いらず

不安なのは企業だけでなく、国も同じ。社会保障も年金も、先行きが不透明です。

そんな時代だからこそ、自分の身は自分で守るためにサラリーマンでも積極的に資産形成する必要が出てきました。では、特にサラリーマンに向いている資産形成目的の副業は何か。その一つが不動産投資なのです。

なぜ、サラリーマンには不動産投資が副業として優れているか。それはローンを組む際の審査が通りやすいからです。

金融機関のローン審査は、継続的に安定した収入があるかを重視します。その点、サラリーマンは会社からの給与収入があるので、ローン審査に通りやすいのです。

また、株式投資やＦＸで資産形成をしようと思うと、刻々に変わる株価や為替レートに気を遣わなければなりません。本業のかたわら、それに一喜一憂し、売買を繰り返すのは、サラリーマンでなくても本業を持っている人には体力的にも精神的にも大変な負担です。

その点、不動産投資は物件を購入までは労力や精神的負荷がかかるもののいったん買ってしまえば、あまり手間もかからず、日常生活においても気を張っている必要もありません。

そういう面でも不動産投資は副業には好都合な投資と言えるのです。

不動産投資のメリット

merit 5-2

ローンで資金調達するので

少額の自己資金からでも始められる

■不動産投資ローンを組むことが投資の前提

一般的に不動産を購入する時には、物件価格の10～20％の頭金と、諸経費として物件価格の8～10％の自己資金を準備する必要があります。たとえば5000万円の物件を購入するには少なくとも1000万円程度の自己資金が必要です。

ところがインターネットで不動産投資情報を検索すると、「少額の自己資金からでも始められる」というような謳い文句が躍っています。これは本当でしょうか。

結論から言うと、金融機関が積極的に融資先を探している今、ローンを組めば「可能である」と言えます。ただし、どのような物件を購入するかなど、さまざまな条件を前提としてです。

金融機関が不動産購入を目的とした人に貸し出すローンには、住居購入を目的とした人に貸し出す住宅ローンと、家賃収入でローンを賄う不動産事業を目的とした人のための「不動産投資ローン」があります。

同じローンでも不動産購入の目的が異なるので、金利も違えば、貸し出しの審査も異なります。住宅ローンは金利0・4～3％が相場。不動産投資ローンは2～5％程度です（2016年7月時点）。

不動産投資を目的とする場合は、当然、不動産投資ローンを組むわけですが、1000万円の自己資金をもとに4000万円を年利2・5％の30年ローンで組んだとします。それを資金に5000万円の新築ワンルームマンションを購入し、家賃8万円で貸したとすると、年間の収入はおよそ108万円のマイナス。これでは投資として成り立ちません。

■投資として成り立つかどうかは条件次第

しかし、物件は新築ばかりではありません。中古のワンルームマンションを、自己資金500万円、金利2・5％で1500万円の30年ローンを組み、家賃8万円で賃貸すると、年間10・4万円の黒字が出ます。わずかながら黒字。ローン完済後に物件を所有することもできるので、これなら不動産投資として成り立ちます。

このように新築物件で投資を始めるのか、それとも中古物件で始めるか、物件の条件だけでも大きな違いが出てきます。また、中古物件と言っても交通の便の良し悪し、広さなどによっても設定する賃貸料は違ってきます。さらに金融機関によって金利もまちまちです。

つまり、不動産投資は少額資金からでも始めることはできるが、物件条件・自己資金額・借入額・利率などによって、当然手にできる収入も異なってくる。ここを間違えると、損失を生んでしまう可能性すらあります。

投資というと儲かるイメージがありますが、それは条件次第ということをしっかり理解しておく必要があります。

不動産投資のメリット

merit 5-3

長期的かつ安定的な収入が期待できるので

私的年金として有望である

■公的年金だけでは豊かな老後は送れない

多くの人の老後の生活費の中心をなすのは年金。しかしその年金制度、政府が一九九一年に20歳以上の学生に強制適用したり、支給年齢を段階的に引上げなど、さまざまな手を打ってはいますが、死ぬまで安心な年金が保証されているかというと、必ずしもそうではありません。

12ページで紹介したように、生命保険文化センターの調査によれば、「ゆとりある老後」を送るために必要な生活費には、モデル世帯の公的年金の支給だけでは、13万3000円の不足という結果が出ています。

つまり、現在でさえ年金だけでは「ギリギリの生活」を送るのが精いっぱいで、ゆとりある生活を送るためには、自分で何か手当をしなければならない状況です。

また、少子高齢化が進む現在、20代、30代の人が年金支給の年齢を迎えるころには、年金財源がよほど改善されない限り、支給年齢が引き上げられているのは確実でしょうし、保険料を納め続けてもいくら支給されるのかもわかりません。もっと言えば、最悪「破綻」という事態にもなりかねません。つまり、若い世代ほど今から将来の老後に備えて自助努力をしていく必要があるのです。

■預貯金利息も企業年金もあてにならない時代

では、どういう方法で老後の生活資金を確保するか。まず思いつくのは預貯金でしょう。

しかし、ゼロ金利政策をとっても本格的な景気の改善がいまだに見られません。2000年代に入ってから長く続く預貯金の低金利は、限りなく0％に近づいており、現在の金利0・01程度では、1000万円を1年預けても利息はわずか1000円にしかなりません。ここからさらに税金が引かれると、安いお弁当とコーヒー1杯がやっとという情けない金額にしかならないというのが現実です。

かつてのバブル期のように、現金を金融機関に預けて、数年後の利息を楽しみにできるなどというのは夢のまた夢の話です。

また、退職金や企業年金をあてにするという考え方もありますが、企業の勝ち組負け組がはっきりしてしまう現在、これも確実な老後資金とは言えません。大手の企業の経営が悪化し、企業年金を廃止したという話は記憶に新しいところです。

このように考えると、不動産物件購入のローンを組み、毎月の家賃収入で返済しながら、最終的には物件を取得。完済後は家賃収入にあてるという不動産投資は、長期的かつ安定的な収入が期待でき、まさに私的年金としての有望性が高く、大きなメリットです。

私的年金として有望な不動産投資。このメリットをどのようにライフプランに組み込んでいくかが、豊かな老後を送れるかどうかのポイントになるでしょう。

不動産投資のメリット

merit 5-4

路線価は公示価格より安いので

相続税対策に有利である

■路線価と物件価格の差が有利を生む

不動産投資をすると、相続税が有利になると言われます。なぜそうなるのでしょうか。

相続税には、残された相続財産が一定金額以下である場合には相続税を支払わなくてよいという、いわゆる「基礎控除」があります。

2015年1月の法律改正によって相続税が増税され、現在の基礎控除額は、「3000万円+法定相続人の人数×600万円」で計算されます。

法定相続人が3人なら、「3000万円+3人×600万円=4800万円」となります。基礎控除が4800万円ということは、相続する財産が4800万円以下なら、相続税は支払わなくてよいという計算です。

では、なぜ不動産に投資することが相続税対策になるのか。

簡単に言うと、3000万円を現金で持っていれば、3000万円がそのまま控除額の計算対象になりますが、現金を不動産に換えておくと基礎控除額を低くすることができ、結果、相続税率を低くできるからです。

これを可能にしているのが「路線価」です。路線価とは、市街地を形作る地域の路線(道路)に面する宅地の、1平方メートル当たりの評価額のことを指します。課税価格を計算する基準となるもので、相続税や贈与税の基となる相続税路線価と、固定資産税や都市計画税・不動産取得税・登録免許税の基となる固定資産税路線価があります。

相続税の課税対象に用いられる相続税路線価は、国土交通省が公示する土地価格(公示価格)のおよそ8割程度。この路線価から控除額を差し引いた金額に相続税が課税されるからです。

つまり、3000万円で不動産を購入すれば、路線価は2400万円程度となり、課税額が600万円下がるので、納税する額も安くなるということです。

さらに借り入れが残っていれば、これも路線価から差し引くことができます。実際の価格と路線価の差が大きければ大きいほど納税額を安くできます。

これが不動産投資は相続税対策になると言われている理由です。

基礎控除を超えた金額	相続税率	控除額
1,000万円以下	10%	—
3,000万円以下	15%	50万円
5,000万円以下	20%	200万円
1億円以下	30%	700万円
2億円以下	40%	1,700万円
3億円以下	45%	2,700万円
6億円以下	50%	4,200万円
6億円超	55%	7,200万円

不動産投資のメリット

merit 5-5

売却すればまとまったお金になるので

生命保険のかわりになる

■なぜローンを組むと団信への加入を求められるのか

「不動産投資は生命保険がわりになる」とよく言われますが、本当のところはどうなのでしょうか。

金融機関に不動産購入のために長期のローンを申し込むと、ほとんどの場合、金融機関から団体信用生命保険(団信)への加入を求められます。

金融機関が団信への加入をもとめる理由は、住宅ローンは借入額が高額で、しかも返済は長期にわたるので、返済期間中に、借主が死亡、あるいは高度の障害を負うなどして返済が不可能になった時に備えているからです。

団信に入っていれば、返済途中で万が一があっても、生命保険会社が住宅ローン残高を肩代わりしてくれるので、多くの金融機関は団信への加入を条件にしているというわけです。

また、団信への加入は残された家族にとっても安心の材料です。もし団信に加入していない場合に一家の大黒柱に万が一が起これば、家族が住宅ローンを返済し続けなくてはなりませんが、ローン残高が肩代わりされるからです。

ローン残高が保険で賄われた後には、購入したワンルームマンションやアパートが残ります。そこからの家賃収入は、家族の生活費の補填になるでしょうし、その物件を売却してしまえば、ある程度まとまったお金を手にすることもできます。

■団信に入っても生命保険は必要?

団信の保険料は金融機関が支払っていることになっていますが、保険料は金利で賄われているので、結局は借主が保険料を支払っているのと同じことです。

しかし団体信用生命保険で支払われる保険金に関しては課税所得としてはカウントされません。保険金は相続人ではなくて、ローンを組んだ金融機関に支払われるからです。こうしてみると、表向きはローンを組んだ人やその家族にローンが残って困らないように、と金融機関は言いますが、つまるところ金融機関の自己防衛策と言ってよいでしょう。

不動産投資が生命保険がわりになるというのは、金融機関から長期ローンで融資を受けた時に加入する団体信用生命保険が生命保険がわりになるという意味です。

しかし、団信に入っているから、ほかの生命保険に入る必要がないかと言うと、一概にイエスとは言えません。

取得した不動産物件を売却しようとしても、現金化するには時間がかかりますし、相続税もかかってきます。物件の評価額によっては、相当な額を納税しなければなりません。考え方はケースで異なりますが、その時の準備の意味でも、ある程度の生命保険には入っておくべきでしょう。

不動産投資のリスク
risk 7-1

物件は手に入れたが入居者が…
空室リスク

■空室を生みやすい物件の共通点

不動産投資物件購入後のもっとも大きなリスクは、なんと言っても空室リスクでしょう。賃貸用の物件を購入しても、家賃を払ってくれる肝心の入居者がいなければ、毎月の家賃収入はありません。

では、具体的にはどのような物件に空室リスクが起きやすいのか、具体的に考えてみましょう。

空室になりがちな物件には、次のことが共通しているようです。

・最寄り駅から遠いなど立地が悪い
・メンテナンス、リフォームがされていない
・物件が古すぎ、間取りがニーズと合っていない
・買い物が不便。生活利便性が低い

などです。

また、空室になりにくい物件の共通点は、

・交通、買い物等、利便性が高い物件
・賃貸需要が多い場所にある物件
・間取り、日当たり等、競合物件と差別化できる物件
・管理が行き届いている物件

と言えます。

■必ず現地に行って自分の目で見て確かめる

利便性が高い物件とは、最寄り駅から徒歩で数分など交通が便利、スーパーやコンビニが近くにあり、日常の買い物に困らないなどのほかに、医療機関が近くにあるというのもポイントになります。

賃貸需要が多い場所というのは、簡単に言ってしまえば人が多く集まるところという意味。アミューズメントパークが近くにあるとまでは言わなくても、商店街が形成されているところ、企業や大学があり人通りが絶えないところの物件は人気があります。

競合物件と差別化できる物件とは、たとえばサラリーマンに人気の地域なら、ワンルームマンションよりも1DKの物件ニーズが高いが物件数が少ないと言うように、その地域の特性にマッチしていて、しかも競合する物件が少ないことを指します。物件購入の際は、こうした地域の特性を考慮し、差別化しやすい物件かどうかを吟味して購入することが空室リスクを回避するポイントとなります。

最後に管理が行き届いている物件ですが、外観や共有スペースなどがきれいに保たれているかどうか、ということです。部屋はリフォームできれいになっていても、外観や共有スペースが美しくなければ、入居希望者はよい第一印象を持たないでしょう。

購入物件を検討する時には、必ず現地に行って自分の目で見て確認すべきです。

以上のポイントで物件を購入すれば、家賃収入に直結する空室リスクはかなり回避できるでしょう。

不動産投資のリスク

risk 7-2

約束が守れない入居者もいる！

家賃滞納リスク

■家賃督促を管理会社に頼むにも費用がかかる

賃貸物件を購入し、入居者を募り、入居者も決まった。これからは毎月定額の家賃収入が期待できる――。やれやれと思った後にもリスクが発生する場合があります。入居者が家賃を払ってくれない、いわゆる家賃の滞納です。

家賃を滞納されると、定期的な家賃収入が入ってこなくなるだけでなく、想定した利回りを下回り、結果として損を出してしまいます。なぜなら、家賃を滞納されていても、管理費・修繕積立金の支払い、ローン返済などは毎月行わなければならないからです。

できることなら初めから家賃を滞納するような人は入居させたくありませんが、家賃滞納リスクを回避する手段には次のような方法があります。

・賃貸管理会社に家賃の立替払いをしてもらう
・入居者審査を厳しくする

賃貸管理会社に物件の管理を委託すると、家賃滞納が生じた時、賃貸管理会社に立替払いをしてもらえます。

管理会社によって立て替えてもらえる期間は異なりますが、おおむね6か月間、長いところでは12か月間立て替えてもらえます。

また管理会社は家賃の立て替えだけでなく、オーナーに代わって入居者に督促もしてくれるので、督促の際のストレスや危険も回避できます。

ただし、管理会社に委託する際には当然のことながら費用がかかります。一般的には家賃の5～6％が相場。これを高いと思うか安いと思うかはオーナー次第です。保険と思って管理会社に頼んでしまうのも方法ですが、これも収支モデルに計上しておかなければならない経費になるので注意が必要です。

■厳しい入居審査はデメリットを生む

滞納リスクを回避するもう一つの方法は、入居を求める人の審査を厳しくすることです。

具体的には、

・勤務先や年収
・しっかりした人を連帯保証人につけてもらう
・連帯保証人がいない場合は保証会社をつけてもらう

などを行います。

しかし、入居者に対する審査を厳しくすると、入居者が尻込みをして、入居者が決まりにくくなる側面が生まれ、空室リスクを高めてしまうことになりかねず、痛しかゆしです。

入居者とは長く付き合うことになるので、最初からとげとげしくするのは得策ではないでしょう。要は、入居者との面談をしたり、提出してもらう書類などで入居者としてふさわしいかどうかを総合的に判断する以外に方法はないようです。

不動産投資のリスク

risk 7-3

避けられない物件の経年劣化

家賃低下リスク

■物件の経年とともに家賃は下がるもの

一般的に家賃は、立地・周辺環境・間取りと広さ・建物の構造・築年数・日当たり・交通の便、またマンションなどでは運用物件が何階にあるかなどを総合的に判断して決めます。

では、そうして決めた当初家賃を下落させてしまう要因にはどのようなものがあるのでしょうか。もっとも家賃下落に結び付きやすいのは築年数です。

人が生活するのに住居は欠かせません。生活の基盤となる、必要不可欠な住居を提供する事業なので、需要は安定しており、家賃相場が大きく変動することはありません。ただし、築年数に応じて家賃は確実に下がっていきます。同じ地域で同じ間取りなら、新築物件に人気が集まり、築数年の物件は入居者確保のため家賃を下げざるを得ないからです。

■ニーズに応えて低下をくい止める

下がり幅は1年ごとに1%程度。10年で10%程度の家賃下落は、計画時から認識しておく必要があります。新築物件と比較されやすい築3~10年めくらいまでの下げ幅がいちばん大きく、その後は徐々に緩やかになっていきます。築10年を過ぎると、競合する物件も新築ではなくなるので下げ幅は小さくなり、15年、20年と経てば、さらに小さくなります。

では、家賃の下落を抑えるには、どうすればよいのでしょうか。残念ながら、家賃下落を完全に回避する方法はありません。

ただし収納を重視したリフォーム、修繕をこまめにするなどして、入居者のニーズに応え、物件の魅力を高めることで下落幅を小さく抑えることはできます。

また投資対象を大都市に近い物件にすることで、郊外の物件より家賃下落リスクを軽減することもできます。

価格を決定するのは需要と供給のバランス。不動産も同様で、需要と供給で家賃は決まります。言い換えれば人が多いところほど需要があるので、都心や大都市の物件のほうが、家賃下落リスクを回避しやすいと言えます。

賃貸物件は経年による家賃下落は避けられないもの。不動産投資を始めた時に設定した家賃は、物件の経年劣化とともに需給バランスにより下げていかざるを得ません。新築時の家賃を維持すれば、入居者を獲得しにくくなり、空室リスクを生む危険性は大きくなります。しかし一方では、家賃を下げれば収入計画に大きな狂いが生じるので、悩ましい問題です。

不動産投資には家賃下落リスクはつきものと認識して、綿密な見通しを立ててから始めることが肝要です。また、物件を運用し始めた後も、家賃下落リスクを軽減するリフォームや修繕などの活動を怠らず、下落幅を最小限にしていく努力が必要です。

不動産投資のリスク

risk 7-4

金利は常に変動するもの

金利上昇リスク

■「返済額増加分は家賃に上乗せ」はNG

不動産投資をしている人の多くは、金融機関でローンを組み、それを元手に物件を購入、入居者からの家賃を返済にあてるという手法をとっています。

ローンには固定金利型と変動金利型の2種類があります。変動金利を選択した場合は金利上昇するリスクがあることを想定しておかなければなりません。

ローンを組んだ後に金利が上昇すれば、返済金額は上昇します。その差額を家賃で補填すれば、当然、収入は減ってしまいます。

こうした金利上昇リスクに直面した場合の対応策として、金利上昇に合わせて、家賃そのものを引き上げてしまう方法があります。

ためしに2000万円を金利2・0%、30年返済の形で融資を受け、中古のワンルームマンションを家賃8万円で賃貸したケースを見てみると、毎月の返済額は7万3924円。金利が1%上昇し3・0%になると、8万4321円。返済額は1万397円増加します。

そんなに高額ではないと感じる人もいるかと思いますが、この金額を家賃に乗せると、家賃は9万397円。入居者がこの金額を納得するかどうか。かなりの値上がりと感じるのではないでしょうか。

家賃が高いと思えば入居者は退去を検討するかもしれません。退去すれば、空室が生じます。

金利上昇を家賃に反映させるのは、解決策としては簡単ですが、また別のリスクを招く危険性があり、得策とは言えません。

■固定金利型でしかも低利率のローンを組む

では、金利上昇リスクを回避するにはどうしたらよいか。1つはローンを組む時に、固定金利型にしておくこと。もう1つは、できるだけ金利の低いローンを選ぶことです。もともと金利が低ければ少々上昇しても負担増を最小限にとどめることができます。できるだけ多くの金融機関を回って固定金利型でしかも低金利のローンを探すのが、金利上昇リスクに備える最善の方法です。

なお金融機関の中には、変動金利型ローンと固定金利型ローンの中間的な「固定金利特約型ローン」という商品を用意しているところがあります。

変動金利型ローンをベースとして、一定期間の金利を固定するという「特約」をつけた商品で、固定期間は2年間、3年間、5年間、7年間、10年間できます。特約期間中は固定金利、特約期間が終了すれば変動金利型に移行します。こうした種類のローンも検討してみるとよいでしょう。

金利は常に変動するもの。長期のローンを組む必要のある不動産投資では、長いスパンで経済を予測することも成功のポイントになります。

不動産投資のリスク

risk 7-5

物件購入時に見落とすと計画に影響する

費用リスクと欠陥物件リスク

■計画には「経費計画」も盛り込んでおく

不動産投資におけるリスクは不動産購入時にもあり、それは大きく2つあります。1つはお金に関するリスク、もう1つは購入する物件のリスクです。

不動産投資でお金というと、物件価格や自己資金、融資額ばかりに目が行きがちですが、資金調達や購入に関する諸経費も無視できません。投資用不動産を購入する際には次の費用がかかります。

・不動産仲介会社に支払う仲介手数料
・税金
・事務手続きを代行する司法書士に支払う報酬
・金融機関から融資を受ける時の手数料や印紙税等
・火災保険、地震保険などの保険料

ケースによってまちまちですが、これらの合計はおおよそ物件価格の8～10％程度かかるのが一般的のようです。しかし、この中には支払わなければならないものと支払いを回避できるものがあります。

売買契約書に貼る印紙や登録免許税、固定資産税、都市計画税清算金(売買契約成立前に売主が先払いしていた1年分の税金納付額から、契約成立後の日数分相当を買主が支払って清算する)等の税金は支払いを逃れることはできませんが、不動産仲介会社に支払う仲介手数料は、売り主から直接購入すれば回避できる経費です。

物件を購入する場合の手数料は、物件価格によって異なりますが、400万円以上の場合、「物件価格×0・3％＋6万円」で計算されます。

2000万円の物件なら「2000万×0・3％＋6万円」で66万円の手数料が発生します。ただし、不動産仲介会社の中には仲介手数料ゼロを謳っている会社もありますので、そういう会社を選ぶのも1つの方法です。

火災保険、地震保険などへの加入は義務ではありませんが、火災が発生し周囲に類焼したり、各地で多発する地震を考えれば、加入しておくに越したことはありません。

物件価格の約10％はかかる経費です、不動産投資の計画段階で見逃してしまうと計画の練り直しになってしまいます。事前にしっかり計算しておくことが大事です。

■目視では見抜けない瑕疵物件もある

もう1つは、欠陥物件や瑕疵物件を購入してしまうリスクです。数年前、耐震構造を偽装したマンションが話題になりましたが、こうした欠陥物件を購入してしまうと、物件自体の価値が下がってしまうばかりか、入居率も下がることになり、計画の家賃収入が得られない可能性が生じます。ほかにも事故物件やシロアリが巣くっているなど、目視では確認できない瑕疵のある物件もあります。事前に告知を受けていなかった場合は、損害賠償を要求することができますが、事前に自ら調査するなど、注意が必要です。

不動産投資のリスク

risk 7-6

自分では制御できないリスクもある

火災・天災リスク

■火災保険に加入しリスクを回避

総務省の発表によれば、昨年1年間に発生した住宅火災は2万2197件、1日60件を超える火災が日本のどこかで発生している計算になります。確率としては高いとは言えない数字ですが、火災による投資対象の損失も大きなリスクの一つです。

火災の原因はタバコの不始末、ガスのつけっぱなしなど入居者の不注意によるものもあれば、放火や近隣からの類焼など、物件所有者では防げないものもあるので、火災への対策もしっかり立てておく必要があります。

火災リスクの対応は、投資対象物件に火災保険をかけておくのがもっとも有効です。

建物を対象とする保険には、所有する物件が原因で、入居者を含めた第三者へ損害を与えてしまった場合、「施設賠償責任」という特約をつけることができます。入居者の火の不始末が原因で、所有する物件以外の周囲の物件まで火災が及んでしまった場合も保障の対象になるので、検討に値します。

また火災保険には物件所有者が加入するものとは別に、入居者が加入するものもあります。入居者が借りる際に、必須条件として火災保険に加入してもらうことになっていますが、入居者が更新を忘れてしまう場合があるので、入居者の火災保険の加入状況も必ず確認しておくようにしましょう。

■火災保険と地震保険で天災リスクに対応

2016年に限っても4月に熊本地震、10月には鳥取県で大きな地震がありました。また2011年3月に起きた東日本大震災では、津波により大きな被害が発生しました。

こうしたいつ襲われるかわからない天災も、不動産投資においてはリスクの1つとして対策を練っておく必要があります。

天災である以上、事前に防ぐことは不可能ですが、被害を軽減する方法としては、火災リスクの回避と同様に、地震保険に加入する、地震に強い物件を購入するなどがあります。

地震保険とは、火災保険では補償されない地震・津波・噴火などの自然災害の影響による損害を補償する保険のことで、火災保険とセットで加入する必要があります。

また地震については地震保険に加入する以外に、新耐震基準適用物件を選ぶことも一つのリスク軽減方法として挙げられます。

新耐震基準は1981年にできた基準なので、それ以降に建てられた建物であれば、地震に強い物件と言えますが、ときどきニュースに取り上げられるように、なかには手抜き工事をしている物件もあるので、十分に調べておくことが必要です。

不動産投資のリスク

risk 7-7

売却で思わぬお金が出ていくことがある

不動産売却時リスク

■譲渡所得税が想定以上の金額になることも

投資物件の売却を検討する時、見落とされがちなのが、売却時にかかる費用です。

ローンを組んで購入している物件の場合、完済前に売却すると、ローン残高を売却で入ってくるお金で相殺することになります。金融機関の中には手数料なしのところもありますが、一括繰り上げ返済になるので、一般的には手数料がかかります。

手数料を2％程度に設定している金融機関もあり、仮に1000万円の残債があれば、手数料は20万円となるのでバカになりません。

ローン完済前に売却を検討する場合は、残債がいくらあるのか、手数料は何％なのかよく確認しておく必要があります。

ほかに売却時にかかる費用としては司法書士にかかる料金、不動産仲介業者を通じて物件を売却する場合は仲介手数料や事務手数料もあり、購入時と同様の手数料が発生します。

また、あまり知られていないのが、売却で得た収入に課税される譲渡所得税があります。

譲渡所得税は簿価を基準にして売却益が算出されます。簿価とは「当初購入額－保有した期間中に減価償却した額」のことなので、ある程度年月が経っていれば、簿価はかなり下がっているはずです。

「売却額－簿価＝売却益」なので、想像よりも「儲けが出た」計算になることが少なくありません。

想定以上の譲渡所得税が課されることがあるので注意が必要です。

■物件に「見えない欠陥」があったら

不動産売却時の意外な落とし穴に、瑕疵担保責任があります。

瑕疵担保責任とは、売却する物件に瑕疵、つまりキズや欠点があり、それが通常の注意を払っても気づかない場合である場合に、売主が買主に対して負う責任のこと。つまり見えない欠陥のことで、不動産でいえば、シロアリ、雨漏り、給排水設備、ハウスシックなどのことを指します。

たとえば引き渡し後に床下に白アリ被害が発見され、買主から修繕を求められた場合、売主には修繕責任が発生します。

瑕疵の程度によって修繕にかかる費用は異なりますが、放置したり対応をおろそかにすると、損害賠償を請求される可能性があります。

このような状況を生まないために売却時には、売主は買主と調整のうえ、売買契約時に瑕疵担保責任の免除条件を付けるようです。調整が不調な時は、最低でも責任の期間や範囲を確認しあっておくことが重要です。

投資物件の種類と特徴を知っておくこと

不動産投資物件にはどんな種類と特徴があるか

ここからは実際の不動産投資物件の種類と特徴を紹介していきます。一般的な物件を手の出しやすい順に紹介していきますが、それは必ずしも収益の高さとか成功率などとは関係しません。不動産投資物件とは、一つひとつが違う個性と特徴を持ったものなので、一概に「新築ワンルーム投資は危険だ」とか、「素人は中古アパートに手を出さないほうがいい」とは言えないのです。

また、インターネットの物件紹介サイトなどでは物件ごとに「利回り」の表記がありますが、それは、あくまでも目安であると考えたほうがいいでしょう。必要経費を計上しない表面利回りで表示されていることが多いことと、計算のベースとなる家賃も、現実の実勢家賃と異なることがあるからです。

それに、利回りは収入を投資額で割り、100を掛けて%表示したものなので、物件の取得価格が安いと、数字が跳ね上がります。地方の不人気物件などは、利回りが高くなる傾向があります。そのため、数字だけで候補物件を絞ってしまうと、空室が続いて赤字になってしまう可能性があります。

これから紹介するのは、新築・中古ワンルームマンション、新築・中古ファミリーマンション、新築・中古1棟アパート、新築・中古一棟マンションの順です。最後に番外編として空き地の土地活用についてふれておきます。

初心者が手を出しやすいワンルームマンション

多くの人が「不動産投資」と聞いて、真っ先に思い浮かべるのがワンルームマンション投資のようです。初心者向けの広告がたくさん出ているため、目に触れる機会が多いからでしょう。

ワンルームマンション投資とは、その名の通りワンルームマンションを所有して賃貸物件として運用することです。建物を丸ごと所有するのではなく、1部屋のみを購入する区分所有で、初心者を相手に営業している投資会社は、お客の資産状況に応じてこれを複数売っていくケースが多くあります。

このワンルームマンション投資には、中古物件を所有するスタイルと、新築物件を所有するスタイルの二つがあります。利回りは圧倒的に中古物件のほうが高いものの、中古物件には修繕やリフォームの費用がかかるリスクと、融資金額が低

■不動産投資物件の種類と特徴

種類		中古ワンルームマンション	新築ワンルームマンション	中古ファミリーマンション	新築ファミリーマンション	中古1棟アパート	新築1棟アパート	中古1棟マンション	新築1棟マンション
特徴	取得価格	◎	○	◎	○	△	▲	▲	×
	入居率	◎	◎	○	○	○	◎	○	◎
	利回り	◎	○	○	△	○	△	◎	○
	リフォーム費用	○	◎	○	◎	△	○	△	○
	修繕費用	○	◎	○	◎	△	○	△	○
	空室リスク	×	×	×	×	○	◎	○	◎

く抑えられてしまうリスクがあります。

不動産投資に慣れた人は中古ワンルームマンションを1棟丸ごと購入するパターンが多いようです。それは、区分所有だとほとんど建物のみが財産としての価値になるのに対して、1棟丸ごとなら土地も資産になるからです。

賃貸でワンルームマンションを借りる人の多くは学生やフリーター、若いサラリーマンなどで、「寝る場所」として住居を探していることが多いので、都心部に出やすい駅の、徒歩10分圏内に立地していると、中古物件でも入居需要は高くなります。よい立地で競合の少ない物件だと、何年経っても空室率が下がらないことがあります。

新築物件は利回りが高くない傾向にあるのと、立地と賃料に入居率が大きく左右される種類の物件であるため、少しでも立地で劣ると赤字になりかねません。1部屋しか所有していない場合、半年空室が続けば、大赤字になるでしょう。

新築ワンルームマンション投資で破綻してしまう人の多くは、立地と賃料を見誤ったケースです。

投資物件としては影が薄いファミリータイプマンション

次は、ワンルームよりも広い1DKや2DK、2LDKといった一般的な間取りのマンションを区分所有するスタイルです。ファミリータイプマンションと呼ばれ、その名の通り入居者は単身者よりもファミリーが圧倒的に多くなります。

ただし投資物件としてはあまり目立ちません。なぜなら、もう少し予算を積めば中古の1棟アパートが入手でき、投資物件としては魅力的ではないからです。

その理由は、単身者に比べて家族は一か所に長く住むことが多く、一度空室になるとなかなか埋まらないため、空室率が高くなりがちだからです。区分所有は1部屋、2部屋のオーナーが多く、2部屋持っていても1部屋が空室だと空室率5割。おそらく赤字でしょう。そのために、区分所有でこの手の物件を求める人は多くはありません。

ただし、例外もあります。それは地方の場合で、地方では都会のワンルームよりも安い家賃でファミリータイプが借りられるので、駅から近い好立地の物件を単身者が借りるケースがあるからです。そういう地域では、逆にワンルームがあっても住む人は少ないでしょう。

このように、同じ種類の物件が地域の違いによって違う動きをすることがあるため、自分が住んでいる地域のセオリーがほかでも通用すると考えるのは危険です。いろいろな人の話を聞いて、実際にその地域を訪ねてみて、確かな情報をつかんで判断するようにしたいものです。

その場合でも、一人の意見だけを参考に決断するのではなく、複数の、できればまったく違う角度からの視点を持つ人の意見を聞いて参考にしましょう。

新聞記者は必ず「裏取り」をします。自分の人生、財産がかかってくる不動産投資でも、きっちりと裏取りをするべきです。

空室リスクに強く費用も手ごろな1棟アパート

ここまでは区分所有について説明しましたが、ここからは1棟丸ごとの所有スタイルについてです。1棟丸ごとだと、3、4戸から数十戸までの規模になるため、空室率は理論値に近づきます。いわゆる統計の法則で、よほどの天変地異でもない限り、1棟すべて空室といった事態は起きず、安定した不動産経営ができます。

また、建物のオーナーであるため、メンテナンスや修繕の決定は自分でできます。誰かと相談する必要はなく、業者と日取りを決めたら、居住者に通知をするだけ。騒音問題や雨漏り、獣虫害などへの対策も、スピーディーにできます。

さらに、1棟丸ごとの所有だと、銀行の融資も受けやすくなります。金融機関から見れば、融資が焦げ付いたときの処分がしやすいためです。

こうしたよいことづくめの1棟所有ですが、難点は多額の資金が必要となること。そのため、不動産投資を始めて日の浅い人は、資金の安いアパート、それも中古物件を探す傾向があります。

しかし中古アパート、それもRCでなく木造の場合はとくに、メンテナンスの問題がつきまといます。外からざっと見ただけではわからない内部の老朽化が進んでいると、購入してすぐに多額の修繕費が発生する場合があります。物件購入の決断をする前には、必ず専門家に見てもらうことが必要です。

新築なら10年、15年は大規模な修繕の必要がないはずです。だから資金に余裕のある投資家は、立地のよい新築物件を選び、10年ほどをめどに売却してしまうようです。売却で得られた資金は、次の物件購入や繰上げ返済に使い、これを繰り返していれば、不確実な修繕リスクを抱えることなく不動産投資が続けていけるというわけです。このタイプの物件は、入居想定者の属性によって立地条件の優先順位が異なるので、よく調べてから購入を決めたいものです。

不動産投資の本格派、1棟マンション

不動産投資の王道と呼ばれるのが、マンションを1棟丸ごと所有するスタイルです。アパートに比べると、マンションは頑丈に造られているので、融資期間を長く取ることができます。そのため、毎月の返済額を低く抑えられるので、利回りが高くなります。

利回りという点では中古物件のほうが有利で、オーナーが何かの事情で売り急いだ物件などは、2桁の利回りになることもあります。ただし、競合物件が多い地域では、オートロックやウォシュレット、インターネット、床暖房といった高品質な設備で入居希望者の目を引かないと負けてしまうこともあります。中古物件の場合は、そういった設備のグレードアップが可能かどうか、可能とすればどのくらいの資金が必要かなども考え合わせておくべきです。

一方の新築ですが、じつは入居者の立場で考えてみると、新築を喜ぶ入居者は新婚くらいしかいないことがわかります。あとの人たちは、家賃が同じで新築だったら喜ぶといった程度。したがって、新築だからといって築10年の物件の2倍の家賃が取れるわけではありません。

にもかかわらず、取得価格は新築のほうがはるかに高いため、よほどの高付加価値物件でなければ高い利回りを望むことはできません。

ただし、新築でも利回り8%を超える物件がないわけではありません。それは賃貸住宅を熟知したプロが建てた場合です。はじめから投資物件として設計し、高い利回りになるように作れば、立地によっては中古に負けない高利回りの物件を新築で実現することができます。

また、「難あり物件」というのもあります。たとえば反社会的勢力が居座っているような場合です。普通はそういう物件には手を出さないものですが、うまく退去してもらうことができれば、取得価格が安い分だけ利回りが大きくなります。俗に大化け物件と呼ばれるものです。

アイデア次第でいろいろできる空き地

最後に「番外編」として、ちょっと変わった不動産投資を紹介します。

一つめは、コインパーキング投資。土地を買うか借りるかして、そこにコインパーキングの設備をおくだけ。入居者に相当するのはクルマです。条件がよければ、利回り20%が可能ですが。閑古鳥が鳴くと赤字になります。

二つめは、太陽光発電投資。こちらは入居者はなく、発電した電気を電力会社に売るだけ。天気さえよければ、予定通りの収益が得られます。パーキングと同じく土地を買うか借りるかして、そこに太陽電池パネルを設置するだけです。

どちらも初期資金があまりかからず、立地さえよければ高利回りを生みます。こういう投資もあるということを、知っておくと便利です。

COLUMN

パートナーとしての不動産投資会社のすすめ

昔の不動産投資は、投資家すなわちオーナーである大家さんが入居者の世話も管理もしていた。家賃は銀行振込ではなく、月末に大家さんのところに現金を届け、受領印を押してもらうシステムだった。

だが今は分業の時代。投資家は資金を出して物件を購入するだけで、入居者の募集や物件の管理は不動産投資会社か、提携している業者がやることになっている。サブリース契約を結んで家賃保証をしてもらっていれば、家賃に手を触れることさえない。

そうなってくると、投資家がどんな不動産投資会社と組むかで、不動産投資の事業の方向性が決まってしまう。いい加減なところであれば、投資はうまくいかず、赤字を出して撤退することになるかもしれない。

また、よいサービスを提供する不動産投資会社と組めば、投資が収益を上げて、拡大再生産の道をたどるかもしれない。

すべては、パートナーとしての不動産投資会社次第と言っても過言ではない。不動産投資会社は投資物件を斡旋してくれるところで、物件を買ったらもう関係ないと思っている人もいるかもしれないが、それは大きな間違いだ。

ためしに、不動産投資会社がタッチすることがらを表にまとめてみた。こんなにあるのかと驚くかもしれないが、まだ足りないくらいだ。

これほど多岐にわたる不動産投資会社の仕事だが、ではどういう会社を選べばいいかというと、「賃貸住宅のプロであるかどうか」。これに尽きる。

中古ワンルームから立派な新築マンションまで、投資物件はいろいろあるが、どれも入居者が100％近く入って、きちんと家賃を払ってくれて、トラブルもなく暮らしてくれることを目指している。投資家はそれを期待しているのだ。

だとすれば、パートナーである不動産投資会社の仕事はひとつ。ただひたすらに投資家の望む状況を実現するように努力してもらうだけだ。そのためには、賃貸住宅を知り尽くした業者である必要がある。そういう会社を探して、パートナーにするべきだ。

■不動産投資会社の役割

物件の紹介	投資家の要望に添った物件を選定して提案
収支計画の作成	投資家の状況や希望に応じた不動産投資計画を作成
金融機関への手続き	金融機関の紹介、ローン申し込み、書類手続き
物件取得手続き	不動産売買契約書の作成
入居者の募集と管理	契約、家賃管理、更新、クレーム対応
サブリースの設定	家賃保証、契約、支払い
管理業務の代行	保守点検、リフォーム、修繕
アフターフォロー	買い増し、買い換えへの対応

Part 3

不動産投資会社の選び方 10のポイント

スポーツ、料理、楽器や英会話…、上達の陰にはプロの指導者がいるもの。
不動産投資のプロとは、言うまでもなく不動産投資会社。
しかしプロと自分の相性が悪ければ、夢の実現はおろか失敗することも…。
ネット情報やCMに流されることなく
自分の描いた夢を具体的な形にしてくれる
頼れるパートナーとしての不動産投資会社の見極め方を徹底詳解！

Point 1

インターネットを活用しよう

不動産投資情報の収集はインターネットが中心。
賢い投資をするにはまずは賢い情報集めから。
基本サイトやお役立ち情報サイト活用のコツを紹介。

新聞広告や折り込みチラシ、住宅情報誌、電車内の広告などの物件情報は、一般の住宅を探すうえで役に立つもので、不動産投資に関する情報を得るには、マネー誌の記事や不動産会社に直接問い合わせるなどの方法もありますが、それ以外ではほとんどがインターネットでの情報収集となります。

試しにグーグルで「不動産投資」で検索をかけただけでも、おびただしいほどの情報がヒットします。不動産投資情報のポータルサイト、不動産業者のホームページ、不動産投資の利回り比較・ローンのページもあれば、不動産投資にトライした人の体験談ブログ、成功例や失敗例、不動産投資のイロハを解説するページなど、これから不動産投資をしてみようかという人にとって参考になるものもあります。ところが、逆に情報量が多すぎてどの情報を選べばいいか分かりにくくなっています。情報選びが分からない人は、不動産投資情報サイトをまとめた「まとめ情報サイト」もあるので、これを参考にしながら情報選びを進めていくといいでしょう。

ポータルサイトと不動産会社運営サイトが物件選びの中心

不動産投資で最も肝心な物件選びで役立つのが、不動産情報ポータルサイトと不動産会社運営サイトです。ですが、不動産情報ポータルサイトとして有名な「ＳＵＵＭＯ」や「Ｙａｈｏｏ！不動産」は一般の住宅探しで使うには有効ですが、不動産投資での物件探しには向いていません。不動産投資に関するポータルサイトでは、「**HOME'S不動産投資**」や「**健美家**」などがその代表的なものです。

ポータルサイト以外では、不動産会社が運営しているサイトももちろん投資情報が得られます。ただ、不動産会社のサイトでは、一般の住宅情報と投資用物件の両方が併存している場合が多いです。一方、不動産会社が運営するサイトで投資用物件に特化したものとして、野村不動産アーバンネットが運営する「**ノムコム・プロ**」などがあります。

また、不動産投資ポータルサイトは、複数の不動産会社の物件を掲載しているので、物件数が多く広く情報を集めるのに便利ですが、同じ物件でも複数の販売を依頼された会社の情報が重複して掲載されていることも多く、また、個々の物件の情報の中身にもバラつきが見られます。その点、不動産会社が運営するサイトは自社物件が中心なので、物件の重複がなく、問い合わせ先も1社なので、情報選びの手間がかからないことになります。

その他あらゆる情報サイトも活用しよう

物件選びでは上記のポータルサイトと不動産会社運営サイトが中心になりますが、以下では賃貸経営、税金対策、収支計算、不動産会社選びなど、不動産投資に関わるあらゆることに役立つ情報サイトを紹介しておきます。

「楽待」

投資物件の売買に関する、最大級の不動産マッチングサイトで、セミナー情報も得られます。なによりも物件数、利用者数がNo.1という強みがあり、物件探しでは欠かすことのできないサイトです。

「大家さんの窓口」

不動産オーナーにとって役立つ情報のポータルサイトです。不動産投資、賃貸経営、空室・税金対策などの動画セミナーも見ることができ、業者の問い合わせ先、セミナー開催情報も見られるとても便利なサイトです。

「不動産投資★連合体」

北海道から沖縄まで、全国の投資物件情報をまとめた、地域密着型の不動産投資物件ポータルサイトです。検索条件を細かく設定でき、物件の詳細ページにはローン計算や収支計算機能も付いています。

「オーナータイプ別おすすめ不動産投資会社ランキング」

サラリーマン・地主・セミプロ向けの三つのオーナータイプ向けの不動産投資会社をランキング分けしたサイトです。評価とその理由も分かりやすくまとめられています。

※本文中で紹介した情報ページ

■HOME'S不動産投資
https://toushi.homes.co.jp/

■健美家
https://www.kenbiya.com/

■ノムコム・プロ
https://www.nomu.com/pro/

■楽　待
https://www.rakumachi.jp/

■大家さんの窓口
https://ooyasan.jp/

■不動産投資★連合体
https://www.rals.co.jp/invest/

■オーナータイプ別おすすめ不動産投資会社ランキング
http://不動産投資ランキング.net

Point 2

セミナーに参加してみる

平日、週末問わず全国各地で開催されている不動産投資セミナー。物件選びの入口となるだけに、セミナー選びでも失敗はしたくない。

知識の取得。次のステップとしてのセミナー参加

本やインターネットでいろいろ勉強して不動産投資に詳しくなったら、不動産会社が開催するセミナーに参加してみましょう。前項、「インターネットを活用しよう」で紹介したサイトでもセミナー情報は集められますし、不動産会社のホームページを見ても、もちろん情報は得られます。「不動産投資」＋「セミナー」で検索してみてもたくさんの情報がヒットします。不動産会社が無料で開催しているセミナーが一般的なので、その中から自分の目的に合ったセミナーを選ぶことができます。

不動産投資が一棟マンション、区分マンション、新築、中古、アパートとさまざまな種類があるように、不動産投資セミナーも投資種類によって分けられています。セミナーは基本的には、エコノミストや税理士、不動産会社の社員などが不動産市況の今後などについて解説、投資物件を説明し、入居率や利回りなど、投資のメリットについて説明するといった形態が一般的です。

ですから、まずは自分が興味ある不動産投資の種類を決めてから参加したほうが効率的です。複数の選択肢を考えている人なら、やはりその複数の選択肢を絞り込んだうえで臨まれたほうが良いと言えるでしょう。

不動産投資で最も大きいリスクは「空室リスク」ですから、空室率が低い不動産投資会社のセミナーを選ぶというのも一つの手です。不動産投資会社は入居率をホームページで公表しているので、セミナー選びの参考にしてみるのもいいでしょう。

また、セミナー情報を提供しているサイトでは、セミナー終了後に参加者からの口コミが投稿されているサイトもあるので、セミナー選びの参考にしてみるのもいいでしょう。ただし、口コミはあくまで口コミなので、参考程度にとどめておいたほうが良いかもしれません。

一方で、「話ばかり聞かされるセミナーは数多く開催されているが、なかなか自分に合った情報が得られない」という声も、不動産投資家の間にあるのは事実です。そこで最近では、投資情報の交換会や懇親会付きのセミナーも開催されています。自分の投資判断だから物件情報さえ得られれば良いという人もいるかもしれませんが、懇親会は同じく不動産投資に関心を持つ人が集まるわけですから、悩みを相談したり、不動産投資経験者からアドバイスをもらう、情報交換の人脈を構築できる、セミナーでは聞けないオフレコの情報を聞けるといったメリットがあります。

不動産投資セミナーには有料・無料がある

ネットなどでセミナーを探してみると、無料セミナー以外に有料セミナーがあることに気付くはずです。そうです。セミナーには無料なものと有料なものがあるのです。安いところで2000〜3000円、高いものでは1万円以上のものもあります。

ではその違いは何かと言えば、中身にあると言えるでしょう。一般的に、有料セミナーのほうは、講師の実績が無料セミナーに比べて高く、中身も専門性の高いものになっています。また、無料セミナーは参加者の名簿集めや不動産会社にとっての物件販売の場、といった傾向がありますが、有料セミナーではそういったところはありません。ですが、身銭を切って参加するのですから、ムダな時間にはしたくないものです。

これからセミナーに参加してみようという人にはまだ早いのかもしれませんが、もし有料セミナーに参加したいということであれば、やはり口コミや他会場で開催された時の評判を確認したり、講師の実績をきちんと把握して臨んだほうが良いでしょう。

不動産投資セミナー選びのポイント

1 自分の投資したい物件を決めてから選ぶ

2 目的にあったセミナー内容か確認する

3 不動産投資会社の入居率から選んでみる

4 講師の専門・実績を確認する

5 セミナーの口コミを調べるなど

6 懇親会や個別相談会の有無を確認する

Point 3

自己資金に合った提案をしてくれるか

実は少ない自己資金から始められるのが不動産投資。
とは言え、投資は投資でリスクが伴うもの。
自分に見合った物件を紹介してくれる業者の見極めが大切。

不動産投資について本やインターネットで情報は集めた、セミナーにも参加して不動産投資の生の現場の話も聞き、自分に合った投資スタイルもおぼろげながら見えてきた。ここまで来たら次はいよいよ本格的な不動産投資の始まりです。

でも、一番最初に気になるのが購入資金の問題なのではないでしょうか。その際、融資を利用しようと考えている人が多いと思います。その場合、

●自己資金はどれだけ必要なのか

●自分の場合、どれだけの借入れができるのか

●良い物件があったとしても築年数が古くてローンが組めないのではないか

……といった、投資資金にまつわる疑問が数々ともなうと思います。多くの人が感じる疑問なので、本やネットでもいろいろなケースが紹介されています。ですが、その人その人で事情は違うはずですから、そこはもう専門家に相談してみましょう。専門家ですから、個別の事情に見合った提案をしてくれるはずです。またそこで、懇切丁寧に相談にのってくれるかどうかで、今後ずっと付き合っていける不動産投資会社なのか見分ける試金石にもなるはずです。

自己資金に見合わない物件を薦める業者はおすすめでない

よくネットなどでは「自己資金ゼロで始める不動産投資」といった文言を見かけます。「なにか投資はしたいけど元手がなくて」と考えている人にはとても魅力的な謳い文句です。しかし、本当にそんなことが可能なのかという疑問も同時にわいてきます。自己資金ゼロで不動産投資が可能なのか否かということで言えば、始めることは可能です。オーバーローンが可能な投資であれば、不動産投資も可能だからです。

ところが、不動産投資は「投資」ですから、そこには当然リスクが付き物です。物件が購入できたとしても、その後の利回りや空室リスク、設備の故障やリフォーム費用などの運営資金が手元にない

と、資金面でパンクしてしまうという事態に陥りかねません。

また、物件の入居率も高く、特に何の問題もなく運用できていたものの、何らかの事情で物件を手放さなければいけない事態になったとします。その時に、売却価格がローン総額を上回っていれば損失は発生しませんが、フルローンで頭金が入っていない場合には、売却価格がローン総額を下回ってしまいます。つまり、フルローンで始める不動産投資は、初期投資がない分、非常に魅力的に見えますが、手元資金があまりない人にとっては、万が一経営がうまくいかなかった時には大きなリスクとして降りかかってくるのです。

不動産投資には物件価格の10～20％の自己資金が必要と一般的には言われています。ところが、欲しいと思った物件の10～20％の自己資金がなかったとします。それでも、「元手無しでも買えます」と提案してくる不動産投資会社はあまりお勧めはできません。

用意できる資金をはじめ、自分の情報も相手に伝える

一方、不動産投資も投資ですから、「とにかく高利回りの物件を紹介してくれる会社がいい」という、ハイリスク・ハイリターンを狙いたいという人もいれば、「中長期にわたった安定した利回りを確保したい」という安定した資産運用を行いたいという人もいるでしょう。そこは、投資の目的・スタンスの違い、また、自己資金の大小、年収によるローン返済能力の違いなど、それこそ人それぞれ違うところです。

ですから、不動産投資会社を選ぶにあたっては、自分が欲しいと思っている物件、自分の年収や家族構成、自己資金をいくらまで出せるのかなど、自分についての情報もなるべく会社側に伝えましょう。そういった情報を伝えたうえで、自分に見合った物件を紹介してくれる会社を探すよう心掛けましょう。

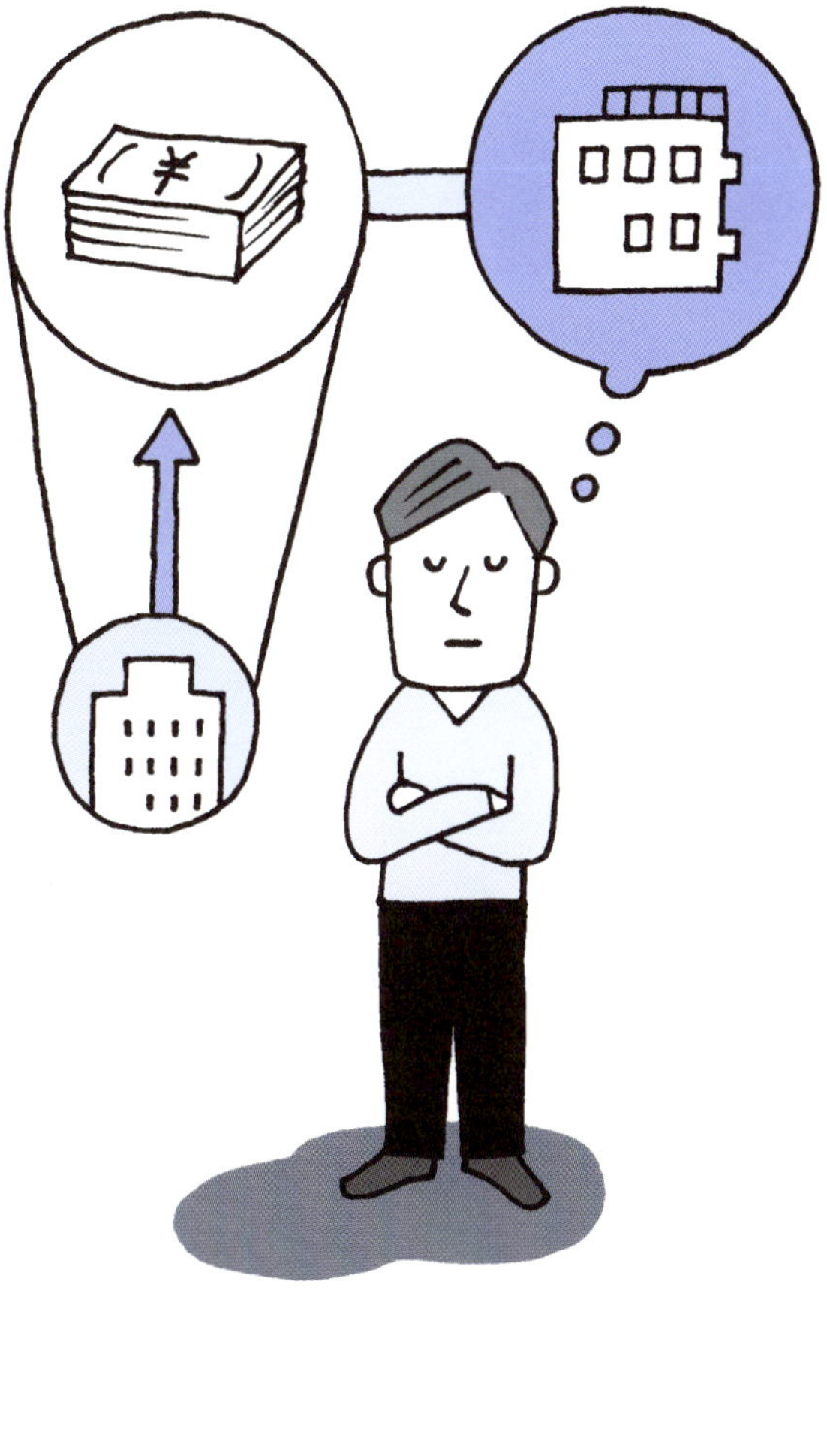

Point 4

良い営業マンと出会えるか

**これから不動産投資を始めようと思っている人にとって、
窓口的存在となるのが担当営業マンだ。
良い営業マンと頼りにならない営業マンの見極め方とは。**

良い営業マンの条件とは

ひと口に不動産購入と言っても、そこにはおおよそ、「資料請求⇩面談とヒアリング⇩詳細の調査⇩購入の交渉⇩契約」といった流れがあります。そしてそこでは、不動産投資会社の営業マンとのコミュニケーションが発生します。ですから、会社選びも重要ですが、営業担当者という「人」との出会いも重要になってきます。投資ですから最後は本人の決断になりますが、そこでは営業マンの誘導も重要だからです。

不動産業界に限らず、どんな業界、どんな会社でも「できる人」と「できない人」がいます。また、同じ「できる人」でも、不動産投資に慣れた人にとって「できる人」なのか、まだ始めたばかりの人にとって「できる人」なのかはまた事情が異なります。

では、一般的に「できる」営業マンとはどんな人なのでしょうか。それは以下の3つにまとめられます。

①金融機関の動向に詳しい
②豊富な物件情報を持っている
③提案内容に幅がある

営業マンはまず最初のヒアリングで、お客の勤め先や年収、自己資金を尋ねてきます。その場ですぐさま、本人の将来的な目標や融資可能な金融機関はどこなのか、そしてどんな物件がその場合には相応しいのか。といった、お客の求めに合った提案をすぐさま行える営業マンが「できる」営業マンです。また、そういった提案が行える営業マンは販売力もあるので、売り主サイドの不動産業者からの売り情報も自然と集まってくるので、さらに提案力の幅が増すものです。

ただし当然、「できる」営業マンには優良顧客が集まるので、不動産投資の知識に乏しく慣れていなかったり、融資や自己資金などの条件面が際どかったり、細かい希望が多いお客は後回しにされてしまいます。

逆に、あまり好ましくない営業マンと

いうのは、以上の3項目が備わっていない営業マンです。不動産投資をこれから始めようという人にとって、融資をどれだけ受けられるのかは最も知りたい情報の一つです。ところがそれを尋ねてみても、「銀行に聞いてみないことには」といった答えが返ってきたのでは、不安が残ったままになってしまいます。もちろん金融機関のジャッジは、詳細な資料を提出した後の話なので、確かに相談時点では分かりかねるものですが、それでもそれなりの経験を積んだ営業マンであれば、いくつかある金融機関の選択肢から可能性のありそうな融資を元に、おおよその可能性は分かるものです。

また、一事が万事で、そういった頼りない営業マンの場合だと、融資の選択肢が狭い分だけ物件の選択肢も狭まり、必然的に提案の幅も狭くなります。

不動産投資をやっているか聞いてみるのも一つの手

良い営業マンかどうかを見極める手の一つとして、その担当者が実際に不動産投資をやっているか聞いてみるのも良いでしょう。本人が取り組んでいるのであれば、当然、融資のオプションや物件の見極め、条件に見合った提案などについて熟知しているわけですし、自分がやっているだけに何よりお客の気持ちが分かるはずです。

もちろん、やっていないからダメというわけではありません。ただ、買う側からすれば「(実践しているからこそ)よく分かっている人」から購入したいと考えるのは当然でしょう。

また、もし担当の営業マンが頼りないと感じたら、思い切って「交代」を申し出ましょう。人間と人間の関係ですから、合う合わないがあるものです。そこは会社側も分かっています。ただ、頻繁に申し出たのでは会社サイドから警戒されてしまいますが、合わないと感じた営業マンから物件を購入するのだけは避けたいものです。

Point 5

どんな会社を選べばよいか

数えきれないほど存在する不動産投資会社。
物件選びより先に行う、会社選びとそのポイントとは。

失敗しない不動産投資会社選びのポイント

特にこれから不動産投資を行ってみようという人にとって、成功するためには信頼できる業者選びは非常に重要です。

では、失敗しない不動産投資会社選びのポイントとはどういったものなのか。まず忘れてはいけないのが、不動産投資の目的は、不動産を購入することではなく、「不動産投資によって資産を増やすこと」です。ですから、投資先物件の購入のみならず、その先に待っている「管理」や「入居者の募集」といったことまで考慮に入れなければなりません。また、今後さまざまな要因によって運営にも変化が生じてきます。そういったさまざまな点で末永いパートナーとなってくれそうな業者を選ぶことが必要なのです。

以下、不動産投資会社選びのポイントを挙げてみたいと思います。

家賃・滞納保障サービスが長期にわたる

不動産投資における安定的な運営上で気になるのが、空室や家賃滞納リスクです。「家賃保証」、「滞納保障」はいずれも、そんなオーナーの不安に対して不動産投資会社が提供するサービスです。

前者は、入居者の有無にかかわらず業者のほうで一定期間の家賃を保証するもので、後者は、入居者による家賃の滞納があった場合でも、業者が立替えを行うというものです。これにより、安定的な家賃収入を得られるかどうかの不安はだいぶ緩和されます。

保障期間は30年程度といったパターンが多いですが、業者によって異なります。特に安定的な利回りに不安を感じるのであれば、保証期間がなるべく長期にわたる会社を選んでみるといいかもしれません。

購入から賃貸管理まで一元管理

やはり不動産投資に慣れていない人にとっては、購入に至るまでに大きなエネルギーを使うため、他のことにはなかなか配慮が及ばなくなります。しかし、不動産投資にとって購入は、スタートラインについただけでまだ始まってはいません。購入後の運営が始まったところで、やっとスタートと言えるのです。ところが購入後に管理会社を探して……と言えば、気が遠くなってしまう人もいるでしょう。

そこで、不動産投資会社選びのポイントの一つとして、購入から賃貸業務まで一元管理してくれる会社から選ぶという考え方があります。この場合のメリットには、運営に何か不都合が生じた場合でも、購入時の相手方業者との付き合いの延長線上で処理ができるという安心感もあります。

優良エリアでの取扱い物件数が多い

以上のようなサポート体制は特に不動産投資初心者にとっては魅力ですが、「投資」ですから、取扱い物件という「商品」が魅力的なものでないと意味はなくなります。

物件に魅力がなければ、空室リスクは高まりますし、家賃の値下げを迫られるかもしれず、結果、満足のいく利回りを得られないかもしれないからです。

現在、不動産投資で人気なのが首都圏です。都心の地価が下落して都心回帰が進んでいるからです。となれば、首都圏での取扱い物件件数が多く、さらに言えば、「駅近」などの好物件を多数そろえている不動産投資会社は狙い目になります。業者はそれぞれ得意とするエリアを抱えているので、自分が購入したいと考えているエリアで物件数が多い会社を選んでみるといいでしょう。

入居者募集のノウハウが充実

当たり前の話ですが、投資用不動産を取得しても、入居者が集まらないのでは運用も何もありません。

不動産投資の収益は主に入居者からの賃料で成り立つので、入居者の募集で強みをもった業者は心強いパートナーとなります。

例えば、入居者募集や管理を行う専門部署がある会社ならば、入居率も高いまま空室リスクを低く抑えられる可能性があります。また、広告宣伝などのノウハウを持つ業者も安心しやすいでしょう。

また、信頼できる業者であれば、物件入居率の実績を積極的に開示してくれるでしょうから、そういった会社を選ぶことも大切なことです。

信頼と実績があり支持されている

不動産投資に限らず、取引先として、実績があり、それを基に信頼されている会社を選ぶことが重要です。では、不動産投資会社にとって実績と信頼は何か。それを表す指標となるのが、「紹介率」とリピート率」です。

これらの率が高いということは、顧客との取引が多いということで、つまりそこにはユーザーからの支持があるということです。業者選びで失敗しないためにも、こういった実績を見比べてみる必要があるでしょう。

以上が不動産投資会社を選ぶ時の最初のポイントですが、さらに注意すべきことについては以下で見ていくことにしましょう。

Point 6

顧客目線で物件を紹介してくれるか

不動産投資は短期でなく長期で行うもの。そこではお客に寄り添ってくれる信頼できる不動産投資会社を選ぶことが重要になってくる。

人によって投資適格物件と不適格物件は異なる

前項ではいくつかのポイントから、選ぶべき不動産投資会社について見てみましたが、ここからはもう少し本質的な部分での業者選びについて見ていきたいと思います。これまでが「選ぶべき不動産投資会社」であるとすれば、これからは、「信頼できる不動産投資会社」という言い方ができるかもしれません。

その、「信頼できる不動産投資会社」の特徴の一つとして、「顧客目線で物件を紹介してくれる」という点が挙げられます。信頼できる会社であれば、「売らんがため」にいたずらに物件を紹介したりはしません。そのお客の年収、勤務先、年齢、自己資金、借入残などの属性から、「どういう物件がお客様に向いているのか」という視点で物件を出してくれるはずです。たとえそれが本人の希望と異なるような物件であったとしても、お客の要望が身の丈に合わないものであったり、属性を考えた時に極めてリスクの高いものであったりした場合、それを諫めてさえくれるくらいのほうがちょうど良いかもしれません。

例えば、「成功する確率が75%くらい」といった物件があったとします。ただし、この「75%」という成功確率が持つ意味は、その人が持つ属性によって大きく異なってきます。若いサラリーマンであれば、この数字は有効な数字となります。仮に将来的な利回りがいくらか予測を下回ったとしても、長期にわたって回収することで、結果として資産形成に役立つ可能性があるからです。

一方、高齢者が虎の子の老後資金をこの物件につぎ込んでの投資となれば、「25%」の失敗確率の数字が持つ意味が大きくなります。同じように、年収や自己資金、他のローン残高の多寡などのお客の属性によってもまた、この「75%」なのか「25%」なのかという数字の意味が違ってきます。

つまり、同じ物件であったとしても、そ

のお客によって「投資適格物件」か「不適格物件」であるかは異なってくるのです。

どんな買い物でも客としてもっとも避けたいのは、「安物」や「売れ残り」をつかまされることです。しかし、不動産投資初心者にとって物件の良し悪しを見極めるのは難しいことです。ですからその場合、こちらの属性をきちんと把握する前に物件を紹介してくるような業者だった場合などは、警戒してかかる必要があるでしょう。

投資の成否を中長期的に語れるか

また、こちらが欲しい物件というのは、「今のところ優良な物件」ではないということを知っておくべきでしょう。客であるこちらとしては、未来に向けて投資をしようとしているわけです。ということは、その物件が将来的にも好調に推移するかどうかが知りたいわけです。

ですから物件を紹介してくるにあたって、その物件が存在する地域の将来性や土地価格の見通しが語れるような会社を選ぶようにしましょう。それが語れないようでは、中長期的な投資パートナーとして選ぶべきではありません。

物件の「見通し」が語れるということは、その会社が物件とその周辺の現地調査をきちんと行っているかどうかということでもあります。

例えば、「近所に大学があって学生入居率が高く空室リスクはありません」など勧められてよくよく調べてみたら、何年か先に大学が移転予定と判明したなどといった場合、完全に会社の調査が及んでいなかったわけです。また「都心部で駅も近くこの値段は格安」などと紹介されて現地に赴いてみたら、周囲はオフィスビルばかりで居住には適さない、などといったケースも同じです。

やはり、「物件ありき」の会社選びはしないことが得策です。

Point 7

リスクや不安にも答えてくれるか

初めての不動産投資でどうしても気になる投資リスクや将来的な不安。メリットだけではない、不動産投資に伴うデメリットの説明もきちんと受けるべき。

メリットの裏にはデメリットもある

不動産投資は「投資」ですから、そこには当然リスクはあります。ですが、株やFXと違って一夜にして大金を失うというようなことはありません。と考えれば、不動産投資は比較的リスクの少ない投資と言えますが、本書のパート2で不動産投資のメリットとリスクのところで触れたように、どうしてもリスクがつきまといます。

そして事実、不動産投資で失敗している人が多数います。失敗例については、ネットで検索してみれば失敗談が報告されているので、「他山の石」とすべく参考にしてみるといいかもしれません。

ですが、そういった失敗例はあくまで他人のもので、自分の場合に当てはまるのかどうかはなかなか分かりません。というよりも、そんなことが分かれば誰も失敗はしません。

ですので、不安に思うことがあればどんどん担当者に聞いてみましょう。そこで、「安全確実」と言うようであればその担当者や会社はあまり信用はできません。不安に思うことに対して失敗するとしたら「なぜ失敗するのか」、そしてその失敗例とは異なるからこそ、このプランを提案しているのだと、理路整然と説明してくれるような会社であれば、信用に足る会社ということになります。

また、不動産投資には「サラリーマンにもできる」、「自己資金が少なくてもできる」、「節税効果がある」といったメリットがありますが、信用できない会社に行きあたってしまった場合、このメリットが逆用されてしまいます。

分かりやすい例で言えば、自己資金が少ない人は大きめの借り入れを行ってから不動産投資を始めることになるため、リスクの高いスタートになります。そして何らかの理由で空室が続いてしまった場合、月々の持ち出しが発生します。その持ち出しが、本業の収入に比べて小さい比率であれば良いですが、生活を圧迫するようであれば非常に問題です。そして結局は売却を迫られることになったものの、そこには当然、値下がりリスクもあるわけですから、持ち出しがかさんだうえに思っていたより安い金額でしか売れなかったなどという事態に陥ったらもう目も当てられません。

つまり、メリットの裏には意外な落とし穴がある場合もないわけではないのです。「節税効果」にしてみても、顧客によって効果のほどは異なります。

そこのリスクをきちんと説明してくれるか。そのリスクの説明もなくメリットばかり強調するようであれば、それは危険な取引につながると考えて良いでしょう。

美味すぎる話も要注意

また同じ意味で、物件を紹介されてそれがあまりに美味すぎる話だったら要注意です。一見、物件自体は非常に格安で、利回りに換算すると非常に優良な物件だったとしても、立地から言って満室稼働が難しかったり、維持費が過大だったり、周辺にもっと安い物件が多数あったりなど、ただ単に価格帯が小さいだけで、物件そのものの価値から考えればむしろ割高な物件ということもあるのです。

そういった物件を紹介された際も、やはり正直に聞いてみましょう。

「とても安く感じるんですが、何か理由があるんですか?」

すると、「実は……」などといって理由の説明を始めることでしょう。まだ理由を正直に説明してくれるのなら良いですが、ろくな説明もせずにひたすらすすめてくるようであれば、これは警戒してかかる必要があります。もっとも、単純に不動産会社が値付けに間違うこともありますが、それは稀なケースです。

いずれにせよ、メリットだけでなくリスクもきちんと伝え、不安に思うことに対し合理的な説明をしてくれる会社を選んでください。

不動産投資に伴うリスク一覧

1. 空室リスク
2. 借入金利上昇リスク
3. 不動産価格下落リスク
4. 流動性リスク
5. 滞納リスク
6. 震災リスク
7. 火災リスク
8. 水災・風災リスク
9. 人災リスク

Point 8

購入後のフォローは万全か

物件を購入してはみたものの、それっきりでは不動産投資とは言えない。物件購入後の諸々のフォロー、さらにはお客のライフプランの相談にのってくれる会社選びが必要だ。

物件の管理体制はどうなっているか

不動産投資は購入しさえすれば自然と利益が生まれるというものではありません。物件の維持・管理は恒常的に行わなければいけませんし、時には家賃の見直し、あるいはリフォームや立て替えといった運営上の大きな変更を迫られることもあるかもしれません。場合によっては売却の検討、といったこともあるでしょう。大家さんになるわけですから、そこにはさまざまな業務が発生するものです。

60ページの「どんな会社を選べばよいか」でも触れましたが、これから不動産投資を始めようという人は、最初の会社選びの段階で、これら「管理業務の一元管理サービス」を謳っている会社を選ぶことで、基本的な負担はなくなります。また、これも同じところで触れたことですが、空室対策や家賃の滞納に対する対応も必要になる場合があるので、「家賃・滞納保証サービス」を謳っている会社であれば、やはり負担は大きく減ります。

購入後の管理分野でのフォロー体制としては、以下のような項目をチェックしておきましょう。

- **共有部分の清掃・管理がしっかりしているか**
- **24時間対応やコールセンターがあるか**
- **家賃設定が周辺相場に見合っているか**
- **入居者の審査がしっかりしているか**
- **家賃対応や入居者間トラブルの対処がしっかりしているか**

これらは、その会社が扱っている既存の物件を見ればおおよそ分かるでしょうし、分かりにくかったら担当者に直接聞いてみましょう。すらすらと返答が返ってくるようであれば、管理業務をしっかりやっている証拠と言えるでしょう。

また、購入後に大いに気になるのが空室リスクですが、空室への対応も会社選びの段階でしっかり把握しておく必要があります。その場合のチェック項目は、

- インターネットなど、物件紹介をきちんとしているか
- 入居希望者に見せる図面がしっかりしているか
- 入居希望者への窓口対応がちゃんとしているか
- 物件紹介の展開が広く行われているか
- その会社が取り扱う物件の入居率が高いか

などです。管理業務を一元管理で会社に任せる場合、実務は先方任せになるわけですから、物件選び同様に慎重に確認をしておきましょう。

物件の将来性だけでなく、将来設計も語ってくれるか

購入後にやはり非常に気になるのが返済プランの問題です。返済プランに関しては、物件購入時に併せて行っておかねばなりません。

誰もが不安のないローン設計で不動産運用をしたいはずです。その場合、10年、20年、30年先を見据える必要があります。また、そのローン設計も、お客さんの資産運用の目的や目標額といった、将来設計に基づいたものでなければならないはずです。簡単なライフプラン作りは誰にでもできるでしょう。しかし、それを実現可能なものとする上で、不動産投資がどう貢献するものであるのか、プロとしてのアドバイスを聞きたいものです。

また、いかによく考えたものであっても、プランはプランにしか過ぎません。当初に描いたプランの中で、将来的に起こるかもしれないリスクも勘案し、ローン返済中や返済後のライフプランも必要です。物件の将来性とともに、そこまでの観点で語ってくれる会社を是非とも選びたいものです。

Point 9

良いお客さんになることも必要

不動産投資も結局は営業担当者との人と人との付き合いが重要。そこでは、こちらが「良いお客さん」になって親身になって相談してくれる関係を築くことも重要だ。

ここまで不動産投資会社の選び方について述べてきましたが、それは同時に、業者側から選ばれていることでもあります。会社の営業マンも、「良い物件を紹介したいお客様なのか」を見極めているのです。

不動産投資会社選びは、さまざまな条件を伝え、将来的な運用のアドバイスを得て、リスクについても説明を受けた中で、最終的に納得できる良い物件を見つけるためのものです。逆に言えば、営業担当者がそういった要望に応えながら「良い物件を紹介したい」と思えるお客になることが一方では必要になってくるのです。

優良物件を紹介したいお客になるためには

では、どういうお客が「優良物件を紹介したい」お客なのか、あるいは、「敬遠されてしまう」お客なのでしょうか。

まずは大前提として、**「購入する意欲がある人」**でなければいけません。当たり前ですが、買う意欲が感じられない人を相手にすることは、営業マンにとっては時間の無駄になってしまいます。もちろん、今すぐ買うというわけでなくとも、あらゆる説明を聞いたうえで、「納得のいく良い物件があれば買いたい」という意欲を伝えることが重要です。またその場合、年収や自己資金、借入れ残高という現実的な条件も「良いお客」かどうかの判断材料になるのは当然ですが、そこは向こうもプロですから、「良いお客」であれば条件に見合う提案が可能なはずです。

また、特に金融機関の選定などで、ある程度**「営業マンの裁量に任せてくれる人」**であることも重要です。腕の良い営業マンであればあるだけ、価格や立地、構造の物件面と、年収、自己資金、借入れ残高などの顧客属性から、購入物件の具体像(例えば一棟ものの木造アパート)と融資可能性の高い金融機関のパッケージをイメージできるものです。もちろん、そのイメージが必ずしもこちらの希望と合致するものとは限りません。ですが、不可能な融資の希望をしてみたところで、営業マンとしてもどうしようもありません。そこは営業マンの裁量に任せつつも、自分が当たってみたい金融機関は自分で当たってみるという形での話し合いをしながら進めると良いでしょう。

それから、「**行動力があり、レスポンスや判断の早い人**」も営業マンから好まれます。例えば、優良物件が出てきた際に、連絡してもなかなか連絡がつかないというのでは勧めがいもなければ、優良物件だけにすぐ売れてしまうということもあるでしょう。また、レスポンスが良く、物件の内見などの物理的行動も早ければそれだけで営業マンには好まれますが、結果として購入したい物件でなかった場合でも、「今回の購入は見送りたい」という判断が早い人であれば、営業マンもお客の好みをさらに把握したうえで、次の物件探しにも移れるというものです。

気をつけたい敬遠されがちな態度

会社側から「敬遠されがちな」お客は今述べたのとは逆のお客のことです。また、その他にも以下のようなお客は敬遠されがちです。

- **リスクに対しあまりに慎重すぎる人**
- **借入れ金融機関の金利に細かすぎる人**
- **物件へのこだわりが強すぎる人**

投資なのでリスクに対して慎重になるのは分かりますが、空室リスク、借入金利上昇リスク、不動産価格下落リスクなど、きちんとリスクなどについて説明を受けたのにもかかわらず、「やはり不安だから」と、慎重に過ぎると営業マンとしてもお手上げです。ほかも同じです。もちろん本人の希望は希望としてあるのでしょうが、いくら営業マンが努力したところでどうにもならない要望をいつまでも通されたのでは、提案できるものもできなくなってしまいます。

良いお客の3か条

1. 購入する意欲がある人
2. 営業マンの裁量に任せてくれる人
3. 行動力があり、レスポンスや判断の早い人

敬遠されがちなお客の3か条

1. リスクに対しあまりに慎重すぎる人
2. 借入れ金融機関の金利に細かすぎる人
3. 物件へのこだわりが強すぎる人

Point 10

中にはトラブルになることもある

**複雑で高い買い物だけに気をつけたいのは物件購入後のトラブル。
後で悔やまないためにも、
事前に十分注意すべきはしておきたいもの。**

疑問に感じる業者との取引はトラブルのもと

不動産投資に興味がある人の中には、「不動産そのものに興味はあるものの、もしかしたら利益につながらない怪しい物件をつかまされるんじゃないか」と警戒している人がよくいます。ネットで不動産投資について調べていると、中には「しつこい電話勧誘にはご注意」といった警鐘や、実際に「電話勧誘に合って困っている」といった報告をよく見かけます。

事実、しつこい電話勧誘を繰り返してくるような悪質な業者は存在します。それはそれで気をつけなければいけません。ですがそういった業者は論外として、きちんとした不動産投資会社であれば、無理な販売をして顧客離れにつながるようなことをするより、良い物件を紹介して次につなげるほうがメリットになるわけですから、強引な販売はあまりしてこないでしょう。しかし、営業マンの経験が浅かったりした場合、そのお客にとって最適な物件でないにもかかわらず、売る側が一方的に「良い物件だと思い込んで」いて、それをすすめられるというケースがないわけではありません。

また、投下資金回収までの「型通り」のシミュレートはできたとしても、買い入れ金融機関の動向や、運営費や修繕費のコスト、デッドクロス（減価償却費が減り、元金返済で赤字になる）のタイミングなどを把握できていない営業マンもいます。業者側も、お客が求めていない物件を「売りつける」という気持ちがなくても、結果的に見積もりや出口戦略が描けていないと、「話が違うじゃないか」とトラブルにつながってしまいます。

また、これまでに触れたことですが、「絶対に儲かる」と断言してしまう営業マンには気をつけなければいけません。不動産投資は投資ですから、「絶対に儲かる」というのは投資に関わる業界の「禁句」だからです。もしかしたらそれほどまでに紹介したい物件ということなのかもしれませんが、こういった発言をする営業マンのいる業者とは、後々トラブルになりかねません。同じように、リスクの説明が後回しで、「良いことしか言わない」といった場合もトラブルのもとです。特に、これから不動産投資を始めようという人は、営業マンの説明の「穴」を見つけられるほどにはまだ知識が備わっていない場合が多いですから、これもトラブルのもととなりがちです。

関係書類はきっちりチェック 担当者との話は記録に残す

リスクの説明も受け、疑問点も解消された、それでも業者側とトラブルになることはあります。一番多いのが、「そんなこと聞いていなかった」という場合です。特に多いのが賃料収入と支出にまつわるものです。想定していた賃料収入が入らなかったとか、そんな支出が生じるとは購入前に聞いていなかったというわけです。

例えば、「新築マンションの物件を購入したところ、すぐに中古物件の家賃に下がったので見込んでいた家賃収入が得られなかった」、「借上げ駐車場の賃料がオーナー負担だった」、「管理費・修繕積立金が滞納されていた物件を購入してしまった」などといったケースです。

これらは実は、「賃貸借契約書」や管理会社からの「重要事項に関わる調査報告書」など関係書類の中に明記されていたりします。また、コスト面での確認が不足していた場合や、不動産投資会社側の調査不足といった場合もあります。

その場合、「関係書類をきちんとチェックしましたか」と言われればぐうの音も出なかったり、説明不足に関しては「言った・言わない」の押し問答になってしまいます。しかも、一度売買が成立してしまうとこれを覆すことはかなり困難なことです。そうした失敗をしないために、関係書類はきちんとその中身をチェックし、担当営業マンとのやり取りは、メールは保存し、電話や面談でのやり取りもなるべくメモの形で記録に残しておくことが重要です。

不動産投資「超」基礎用語30

なかなかとっつきにくい不動産用語。
本書の理解の助けにもなる「これだけは覚えておきたい」30語を厳選しました。

アセットマネジメント
資産(asset)を管理(management)すること。資産管理する投資顧問業務を指す。投資顧問は、投資家に対して相談にのり、助言・情報提供などの運用アドバイスを行う。

インカムゲイン
株式の配当、債権の利子、預金等の利息収入などのこと。資産を手放さず安定的に得られる収益を指す。不動産投資では物件を長期間保有して家賃収入を得ること。

一括借上げ
賃貸管理会社などが、家主から賃貸物件を一括して借り上げ、その物件を入居者に賃貸すること。

オーバーローン
不動産購入価格だけではなく、購入に関する諸経費もすべて金融機関からの借入れでまかなうこと。自己資金が0で済むメリットがある。

瑕疵《かし》担保責任
売買などの有償契約で、その目的物に通常の注意では発見できない欠陥がある場合に、売主が負うべき賠償責任。瑕疵とは、欠点やきず、過失のこと。

管理形態
物件の管理をどのような形態で行っているかを示すもの。管理組合による管理を「自主管理」、管理会社への業務委託による管理を「委託管理」という。

キャッシュフロー
投資の資金や運営経費などで実際に支払った金額と、売上げなどで入ってきた金額の増減のこと。事業の収益性を判断するうえで重要な指標の一つ。

キャピタルゲイン
株や土地、物件などの売買によって得られる差益のこと。保有物件の資産価値が下がることによって、生じた損失のことをキャピタルロスという。不動産投資では物件を売却して得る、売却益のことを指す。

建蔽率《けんぺいりつ》
建築物の建築面積の敷地面積に対する割合。用途地域によって、建蔽率の上限数値が定められている。

減価償却費
長期的に使用できる資産(減価償却資産)のうち、使用期間(耐用年数)にわたって減少していく価値の相当額。経費として計上できる。

固定資産税
土地・家屋・有形償却資産などの固定資産の価格をもとに算定された税額を、その固定資産の所在する市町村に納める税金。税率は都道府県および各市町村が設定する。標準税率は1.4%程度。

元利均等返済
ローン返済方法の一つで、毎回の返済額が、支払い開始から支払い終了まで均等になるように元金部分と利息部分を組み合わせたもの。これに対し元金均等返済は、元金部分を均等割りにし、それに元金残高により計算された利息を組み合わせたもの。

固定金利
3年、5年、10年、30年など、ローンの期間中、利率が固定される金利。期間が長ければ長いほど、利率が高くなる。

新耐震基準
1981年6月1日に改正された建築基準法施行令のこと。これ以前の物件は、地震などで倒壊の危険性が高い。

相続税
亡くなった人の財産を相続したときに納める税金のこと。財産は現金だとそのままの金額になり、相続のときその金額に対して税金がかかってしまうが、不動産を活用すると財産の評価額を低くできる場合がある。

抵当権
債権を保全するために、債務者が所有する不動産に設定する担保権のこと。債権が弁済されない場合には債権者が抵当権に基づいて、担保である不動産を競売にかけ、その代金を自己の債権の弁済にあてることができる。

出口戦略
対象不動産に関して、予想する保有期間経過時の換金方法を予め計画しておくこと。たとえば、どのようにして物件を売るのかということ。対象不動産の売却やリファイナンスなどの方法がある。

デッドクロス
支払い元金が、減価償却費を上回っている状態。特に元利均等返済の場合に生じやすく、経費とみなされない元金が増えることで、キャッシュフローが悪化する。

ノンリコースローン
返済原資を家賃収入あるいは不動産収入に限定している融資の仕組み。この融資の特徴は債務履行の責任財産を対象不動産およびその収入のみに限定し、返済ができなくなった場合は、物件を手放せば返済の義務はないことになる。

不動産投資ファンド
投資家などから集めた資金で不動産を購入し、得られる家賃収入や売却利益を投資家へ分配する仕組みのこと。

不動産担保融資
土地・建物などの不動産を担保にした融資。債務が履行されない場合、貸し手は担保に供された不動産を売却して融資を回収することができる。

フルローン
物件の購入費用を、すべて銀行からの借入れでまかなうこと。これに対し、購入に関する諸経費もすべて金融機関からの借入れでまかなうことをオーバーローンといい、金融機関は慎重になるのが一般的。

変動金利
ローン期間中の金利が、金融機関の基準金利によって変動すること。基準金利は日本銀行の金融施策によって上下する短期プライムレート(金融機関が優良企業に対して、短期で貸し出すときに適用する金利のこと)の影響を受ける。関連、固定金利。

ポートフォリオ
投資家が保有する株式や債券、不動産などの資産の構成内容のこと。資産を分散投資して全体の資産価値が減少するリスクを低減するために、ポートフォリオを作成する。

容積率
敷地面積に対する延床面積の割合のこと。法律により用途・地域ごとの制限が定められており、容積率が高いほど、大きくて広い建物を建築することができる。

用途地域
建築できる建物の種類を定めた地域のこと。用途地域ごとの建物の種類に応じて容積率・建蔽率などの建築規制が細かく定められている。用途地域によっては、建てられる建物と建てられない建物がある。

利回り
投資した金額に対して得られる利益が何%あるかをあらわしたもの。購入金額に対する年間の総利益で算出したものを表面利回り、総利益から管理費や固定資産税など諸経費などを差し引いて計算したものを実質利回りという。

リノベーション
改修工事によって不動産価値を向上させること。リフォームが老朽化した建物を新築の状態に戻すことを指すのに対して、リノベーションは、大規模工事で性能を新築の状態よりも向上させたり、価値を高めたりすることを目的とした改修のことをいう。

レバレッジ
日本語でテコの働きを意味する。不動産投資においては、有価証券などの購入金に借入れ金を上乗せし、自己資金以上の投資を行うことをいう。

路線価
市街地や郊外などにある主要な道路に面した土地の評価額のこと。1平方メートル当たりの単価で表す。毎年7月に国税庁のホームページに公表される。

Part 4

おススメ!
不動産投資会社ランキング
土地購入新築アパート部門

不動産投資会社選びはコンサル、提案、資金調達などで
投資家にとって頼れるパートナーになってくれるかどうかが最大のポイント。
企画、設計から管理、業務の代行まで、知名度よりも実力で選びたい。
ここでは土地を購入し、新築のアパートでの不動産投資で
投資家の力になってくれる不動産投資会社を
5つの指標に着目してランキングした!

★ランキング指標

収益性	物件の収益性の高さ
稼働率	物件の稼働率の高さ
立地	紹介する物件の立地のよさ
企画力	人気物件を企画する力
ファイナンシャルアレンジメント力	金融機関との折衝力。金利・融資額・返済期間など、有利な条件で融資を引き出す力
知名度	知名度の高さ

SPILYTUS《スピリタス》

1

東京23区でJR駅から10分以内の好立地に 9平米＋ロフトの高収益アパートを展開

DATA

■社名
株式会社SPILYTUS（スピリタス）

■代表者
代表取締役　仲摩恵佑

■住所
〒105-0001
東京都港区虎ノ門4-3-13
ヒューリック神谷町ビル1F

■電話・ウェブサイト
TEL. 03-6402-3704
http://spilytus.co.jp

■設立
2012年1月

注目ポイント

1 設立してから日が浅く、宣伝らしい宣伝もしていないのに、外資系高所得サラリーマンを中心とした顧客がクチコミや紹介で集まる

2 駅近立地に先進の賃貸住宅「ククリ」を展開し、低空室率と独自の融資スキームで新築なのに7%超の利回りを実現

3 オーナーが早期に複数物件を所有できるビジネスモデルで、数年で10棟の所有者も出現している

取扱い物件の特徴

●東京23区内で人気駅徒歩10分圏内のアパートを1棟売り
●すべての部屋が9平米+ロフトのコンパクト低家賃住宅

創業わずか4年で知る人ぞ知る不動産投資会社に成長

スピリタス（欧文表記だが、読みやすさを考慮して仮名書きにさせていただく）は不思議な不動産投資会社である。

創業が2012年1月だから、設立してからまだ6年と少ししか経っていない上に、ほとんど広告宣伝らしいことをやっていないのにもかかわらず、すでに不動産投資の世界をある程度知っている人たちから、一定の認知をされている。

しかも、ただ知られているだけではない。高利回りで空室率の低い新築賃貸アパートを1棟売りで販売しているのだが、物件の提供を待っている顧客が続出しているというのである。

その物件がまた興味深い。いずれも東京23区内の人気駅から徒歩10分以内という好立地にあり、それならさぞかし家賃が高いだろうと思うと、1部屋の間取りが9平米のワンルーム＋ロフトという限界に挑戦するような狭さのため、若者でも手が出せる低家賃に収まっている。

そのため年間を通じて入居希望者があり、空室になっても平均2週間で埋まってしまう。ほう、それはいいとうなずくのはまだ早い。スピリタスが提供する新築物件の利回りは、なんと7％を超えるというのだ。新築なのに、まるで格安で手に入れた中古物件並みの高利回りである。なぜそんなことが可能なのだろうか。

高利回りを実現するためのさまざまなアイデア

その秘密は、提供する物件の魅力と企画力、そして顧客と金融機関をリンクさせて考える同社独自のスキームにあった。順番に見ていこう。

高利回りを実現するには、高収益と低コストを両立させる必要がある。不動産から毎月上がってくる家賃をなるべく高く取り、各種のコストや金融機関への支払いをできるだけ低くすることだ。

しかし、やみくもに家賃を上げるわけにはいかない。市場原理が働いて、需要と供給のバランスが崩れてしまうからだ。自分のところだけ家賃を上げれば、入居希望者はより家賃の安い競合に流れてしまう。

そこでスピリタスは、土地の最大効率での活用を考えている。他社が10戸しか収容できない土地に、12戸のアパートを建ててしまうのだ。それには、建築基準法、東京都の安全条例に加えて、各区が施行しているワンルーム条例を熟知している必要がある。たとえば、実質3階建てなのに、1階を半地下にして規制外にするといったアイデアがそれだ。

「客を選ぶ」という逆転の発想で金融機関を味方につける

金融機関への支払いがより少なければ、高利回りが実現できる。一番簡単なのは、融資の金利を低くすることだ。スピリタスの顧客の中には、なんと住宅ローンよりも低い0・54％という金利で投資資金を引き出している人がいる。今ここに4・5％で借りている人がいれば、その差はじつに4％近い。片方が利回り3％なら、もう片方は7％だ。

どうしてそんな低金利で融資が受けられるのか。そこにはスピリタス独自の「客を選ぶ」というメソッドが隠されている。どういうことかというと、金融機関、つまり銀行の立場でビジネスモデルを組み立てているのだ。

銀行は安心、安全な借り主に融資したい。たとえば著名な大企業に勤務する30代、40代の高所得サラリーマンで、奥さんもフルタイムで働いている人などである。その人が、高収益が確実視される物件に投資をする。奥さんが保証人になってくれる。それなら金利を下げてでも借りてもらいたい。これが銀行の心理だ。スピリタスはそのストーリーに合った客を探し、金融機関に紹介している。

わずかな工夫がライバルとの差を生んでいる

「狭小のワンルーム＋ロフト」という間取りは、スピリタスが開発したものではない。スピリタス設立よりも前から、そういう狭小アパートは存在していた。しかし、それらの間取りは極めて不便で、居住者の気持ちを理解したものとは言い難かった。たとえばロフトは高さが70～90センチ。それでは居室ではなく物置にしか使えない。

なぜそんな低い寸法になってしまうかというと、建築基準法には「高さは柱の太さの30倍まで」という決まりがあるからで、通常のアパートに使われる3寸柱だと、ロフトに十分な高さが取れない。

そこでスピリタスは4寸の柱を使うことで、ロフトの高さを1・4メートル確保した。これなら少しかがめば立って移動できる。住まい選びで見学に来た人が両者を見比べれば、結論は明らかだろう。

ほかにも居住者目線の工夫が随所にある。シャワーヘッドや水栓はグレードの高いものを使用しているし、トイレはウォシュレットが標準。居室の壁にはハンガーが掛けられるようにピクチャーレールを備えてある。

スピリタスはこのような工夫が凝らされたアパートを「ククリ」と名づけた。ギリシャ語で繭を意味するこの言葉は、ムダなスペースを究極まで削り、居住者の利便性を最大限に高めることで入居率を理想的に保つことを意味している。

短期間で複数物件を所有するオーナーも出現

スピリタスの顧客は、金融機関が融資をしやすい高属性の人が多いと前に述べた。実際はどうかというと、外資系大企業に勤める年収1500万円以上の人が目につく。彼らの特徴はロジックを理解しやすいことと、投資に対する感覚がドライなことだ。だからスピリタスのビジネスモデルを理解すると、すぐに投資を決断してくれるし、仲間を紹介もしてくれる。おかげで、とくに目立つ宣伝広告を打たなくても、スピリタスの顧客は自然に増えていくのである。

中でも成功例として知られているのは、夫婦で外資系有名企業に勤務している40代の人たちで、ご主人の年収が4500万円、奥様の年収が2500万円と、世帯収入7000万円のお二人である。

彼らはこれまでに1棟平均2億円の投資を続け、現在までに合計8棟所有している。そこからの運用益が年間3000万円なので、このご夫婦は世帯収入が1億円になっている。

「そんなに稼いで墓まで持っていくのか」と嫌味のひとつも言いたくなるが、彼らにはきちんとした人生設計があるそうだ。アパートを12棟まで買い続け、繰り上げ返済などで借金を軽くしてから早期退職し、年の半分をハワイで、半分を日本で暮らす予定という。公的年金をあてにせず、自力で老後もある程度の生活水準を維持しようというプランである。現状の資産状況から見れば、実現は容易だ。

スピリタスのスキームに落とし穴はないか？

ここまで読んできて、多くの読者は次のような感想を抱いたのではないか。

「そんなにうまい話があるか。きっとどこかに落とし穴があるはずだ」と。

だが、目を皿のようにして調べても、穴らしい穴は見当たらなかった。それもそうだろう。IQの高い外資系のエリート社員たちが、説明をひと通り聞いただけで投資を始めているのだ。穴があると思ったら、さっさと別のところに行くはずだ。中には物件を見ずに、グーグルマップで確認しただけで契約してしまう人もいるという。

もしも穴があるとすれば、それはオーナーが環境の変化に備える資金をプールせずに使ってしまい、金利上昇などに対応できなくなった場合だ。だがそれはこのスキームに限った話ではない。借り入れをしての投資なのだから、収入が返済額を下回ったときの備えは必要だ。

そのほかには、天災や事故が考えられる。だがこれも、賃貸物件の所有による不動産投資にはつきものだ。天災は保険などでカバーできるし、居住者の死亡などの事故は防ぎようがない。

このスキームにおけるリスクヘッジの方法は？

スピリタスの提案にしたがって不動産投資をする場合のリスクヘッジは、以下の通りである。

まず、複数の物件を所有すること。多ければ多いほど空室率などの数値が理論値に近づく。仮に2戸しか持っていなければ、1戸空いたら空室率50％である。それでは変動幅が大きすぎる。

次が、地域を変えて複数所有すること。これで地震や大火、地域的なリスクに対処できる。同じ地域にまとまって持っていると、何かあったとき全滅の可能性がある。

その他のことは、すべてスピリタスに任せられる。入退去の管理、入居者募集、退去後のクリーニング、滞納の督促、物件の売却など、オーナーが自ら手を下す必要はない。リフォームが必要になった場合も、どんな修繕が必要か、いくらかかりそうかなど、すべて提案してくれる。

シノケンプロデュース

2

お客様の生涯にわたる資産形成をサポートするため
投資用デザイナーズアパートを全国展開

DATA

■社名
株式会社シノケンプロデュース

■代表者
代表取締役　篠原英明
取締役社長　玉置貴史

■所在地
〒105-0012
東京都港区芝大門2-5-5
住友芝大門ビル

■電話・ウェブサイト
03-5777-0083
https://www.shinoken.com

■設立
2011年5月24日(創立1990年6月5日)

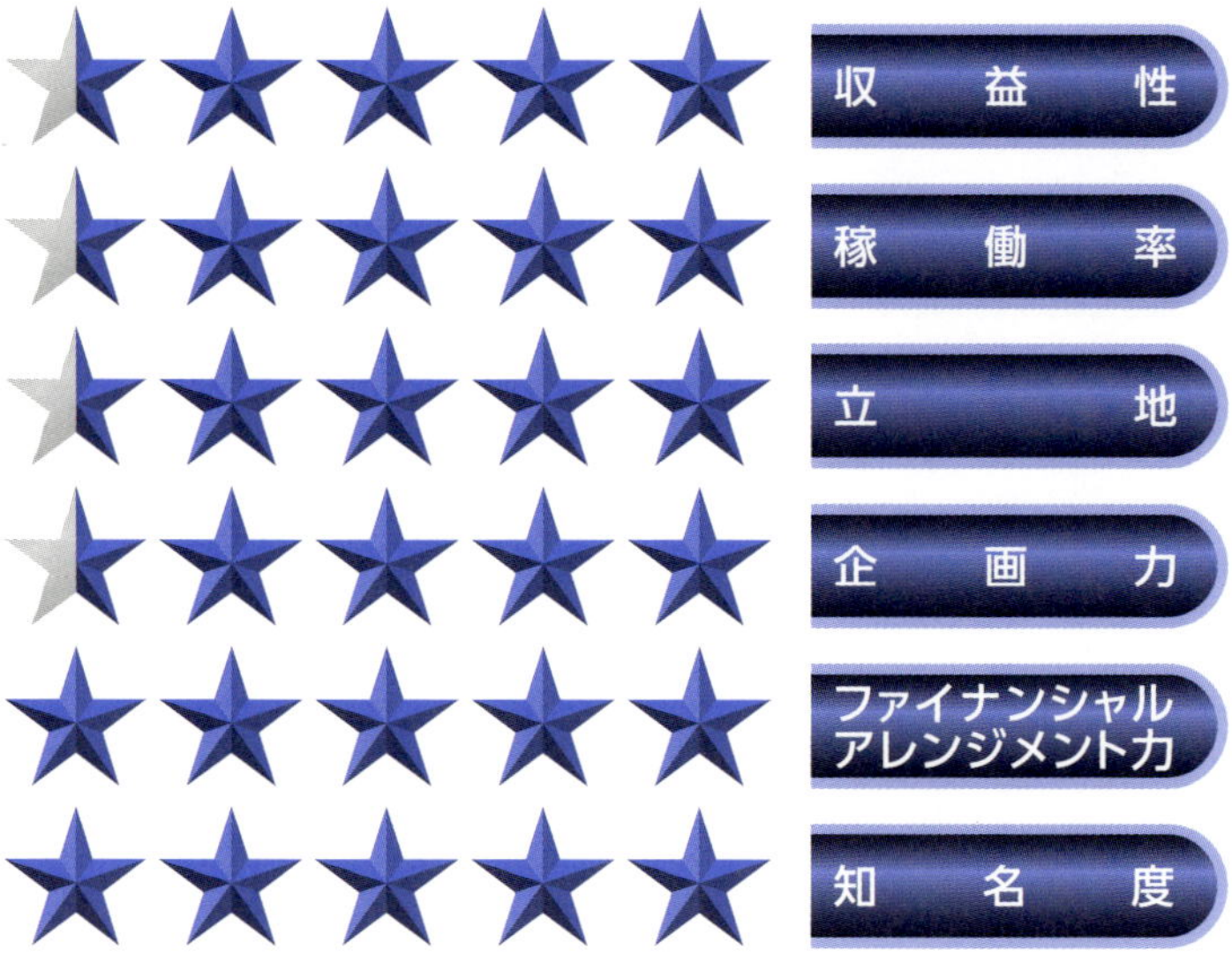

注目ポイント

1 土地がなくても、自己資金が少なくても可能なアパート経営を提案

2 土地の選定からプロがサポートし、
豊富な資金調達のバリエーションを展開

3 年間着工件数で自社開発戸数2年連続日本全国No.1
(平成27・28年度)の実績

取扱い物件の特徴

●公務員、サラリーマン、女性など幅広い投資家に対応
●首都圏を始めとした資産性の高い地域に投資エリアを厳選

3000名の投資家が成功し、リピーター率40％

アパート・マンション投資の損益は、不動産物件を入手するために組んだローンの毎月の支出を上回る家賃収入が長期にわたって計上できるときにプラスとなる。そのためリスク要因としてはローンの金利が上昇したり、家賃収入が減少したり、物件が何らかの理由で毀損したりすることが考えられる。

したがって投資にあたっては、それらのリスクを排除できる仕組みが用意されているかどうか、リスクヘッジの方法が選択できるかどうかをよくよく考慮しなければならない。

たとえばシノケンプロデュースはアパートの年間着工件数が2年連続日本一という実績を誇る。累積にすると自社施工数3000棟以上、管理戸数2万8000戸という数字だ。これまでに3000名を超える投資家がアパート経営に成功しており、そのうち40％がリピーターとして2棟以上の経営を開始している。

それだけ多くの人々がシノケンプロデュースのリスクマネジメントを信頼しているということだ。

立地選定では高い入居率が見込める良質な物件を選定、入居者が喜ぶデザイナーズアパートには各種保障が付いて万一に備えている。そして豊富な資金調達プランで自己資金の少ない投資家のニーズにも応えているのだ。

アパート経営開始後のサポートもグループですべて代行

アパート経営を無事にスタートしても、その先には入居者の募集や契約、入退室管理に家賃の集金などさまざまな業務が待っている。

それらをオーナー自身が手がけるとなると厄介だが、シノケンはグループで管理業務、メンテナンス業務、大家業務を代行できるので、オーナーはただ毎月の家賃収入を受け取り、報告書類に目を通すだけでいい。

すべての業務についてはオーナー個別の専属スタッフがきめ細かくサポートしてくれるので安心だし、専用のWebサイトで所有物件の清掃状況や明細内容が確認できるサービスもある。

そして建物の毀損に関しては、シノケンのプロデュースするすべての建物が「住宅瑕疵担保責任保険」の対象となっており、引き渡し後10年間は住宅の主要部分が保証される。その他の部分についても、シノケンが個別に期間を定めて保証。そして地盤に関しては引き渡し後20年間の保証制度がある。

それでも入居者がいなければ赤字になってしまうが、シノケンはオーナーへのリスクヘッジとして「初回満室保証」を提供。すべての住戸について、初回の入居が成約になるまで賃料を保証してくれるほか、入居者が家賃を滞納した場合、最長6カ月間の100％家賃保証の制度もある。こうした万全のサポートがあるから、多くのサラリーマン投資家の人気を集めているのである。

インベスターズクラウド

3

「アプリではじめるアパート経営」をキャッチフレーズにアパート経営のプラットフォームを運営

DATA

■社名
株式会社インベスターズクラウド

■代表者
代表取締役　古木大咲

■所在地
〒107-0062
東京都港区南青山2-27-25-7F

■電話・ウェブサイト
0570-008-764
https://www.e-inv.co.jp

■設立
2006年1月23日

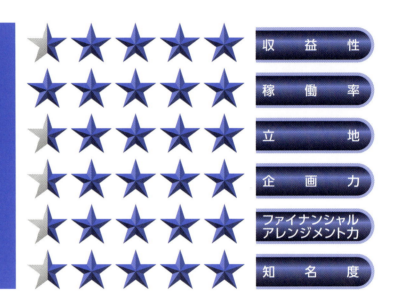

収益性
稼働率
立地
企画力
ファイナンシャルアレンジメント力
知名度

注目ポイント

1 スマホアプリ「TATERU」によって「ネット」×「リアル」で不動産業界に新しいサービスを提供

2 AI（人工知能）を活用したアパート経営プラットフォームを運営

3 アパートにIoTサービスを標準装備するなど不動産業界におけるあらゆる問題点をITで解決するサービスを開発

取扱い物件の特徴

- ●気軽に学び、実際のアパート経営までできるスマホアプリ
- ●すべてのアパートが最先端のIoTデバイスを装備

アパート経営がスマホアプリでIT化

不動産業界というと旧態依然の産業の代表格に見られがちだ。物件情報こそインターネットで見られるようになったが、コンタクトはフェース・トゥ・フェースが基本で、いまだにメールより電話が幅を利かせていたりする。契約書をはじめとして書類のやり取りも多いため、およそ効率化とかIT化とは無縁の世界だった。

そこに登場したのが株式会社インベスターズクラウドが提供する「TATERU」というシステム。スマホアプリがアパート経営の入口となり、情報提供はもちろんのこと、物件紹介や相談などもスマホアプリでできてしまうというのだ。

TATERUによるアパート経営の流れはこうだ。まずはiOS用かアンドロイド用のアプリを自分のスマホにインストール。続いて無料の会員登録をすると、アパート経営に便利な機能が使えるようになる。

たとえばコンシェルジュとチャットでアパート経営に関する疑問や悩みを相談したり、土地情報やアパート建築の実例をチェックしたりできる。この段階で納得いくまで自分の知識とスキルを高めることができるのだ。そして自分に合った土地を紹介してもらい、アパートの建設から完成までサポートが受けられる。経営開始後の情報もアプリで確認できる。

入居者に最先端のIoTサービスを提供

インベスターズクラウドが提供するIT化はアパート経営に関するものだけではない。TATERUのアパートにはすべて、最先端のIoTサービスが標準装備されているのだ。これは感性の鋭い入居者なら、間違いなく食いつく「魅力」である。

各戸に備えられる「セントラルコントローラー」は、タブレット型の情報端末。これを家中のIoT機器と接続することで、家の中からでも外からでも、接続された機器をコントロールできるようになる。ドアのロック、エアコンの温度調節、照明の明るさ調節をはじめとして、防犯や防災の情報管理も可能だ。

セントラルコントローラーは、サービスコンテンツの受信や、管理会社とのやりとりにも活躍する。住まいに関する疑問や質問なども、このコントローラーから管理会社に発信できるので、わざわざ電話をかけて聞く必要がなくなる。

これらのシステムはまだ未来のものかと思うかもしれないが、実はすでに現実となっている。TATERUによるアパートのオーナー数は1000人を突破し、アパートの管理戸数は1万3000戸を超えているのだ。そしてアパートオーナーの90%が公務員と会社員で、年齢は40代が48%、39歳以下が30%を占めている。「まだまだ未来の話」と思っていると、あっという間に時代に置いて行かれてしまうかもしれない。まずはアプリをチェックしてみてはいかがだろう。

4

セレコーポレーション

「首都圏」「単身者向け」をキーワードに自社工場で軽量鉄骨アパートの構造部品を生産

DATA

■社名
株式会社セレコーポレーション

■代表者
代表取締役　神農雅嗣

■所在地
〒104-0031
東京都中央区京橋3-7-1
相互館110タワー5階

■電話・ウェブサイト
03-3562-3000
https://www.e-cel.jp

■設立
1993年8月

収益性	★★★★★
稼働率	★★★★★
立地	★★★★½
企画力	★★★★☆
ファイナンシャルアレンジメント力	★★★★☆
知名度	★★★★☆

注目ポイント

1 「量より質」にこだわり、資産性の高いアパートを追求

2 収益性を高めるため、メンテナンスフリーのアパートを目指す

3 アパート経営の目的からコンサルティングして成功に導く

取扱い物件の特徴

●若者たちが集まる首都圏に地域を限定して展開
●将来を担う若者の単身者に特化したアパート設計

「アパート経営の専門店」だから「いいアパート」を実現

みずからを「アパート経営の専門店」と主張するセレコーポレーション。その真意は、「住まいの総合デパート」は目指さないという意気込みである。万人向けのさまざまなタイプの住宅を手がけるのではなく、自分たちの経営資源と技術を鋭く絞ってそこで勝負しようと考えているのだ。

セレコーポレーションが考えた市場は、次世代を担う若者たちの住まいを提供する、単身者向け賃貸住宅市場。それも、若者たちに人気の首都圏にエリアを限定し、そこに資産性が高くメンテナンスが不要で、入居者が満足するアパートを建設するというものだ。

具体的にいうと、施工エリアを首都圏に限り、理想的な立地に単身者向けアパートを建設する。その工法はありがちな木造住宅ではなく、安全性・耐久性に優れ、バランスの良い構造体である軽量鉄骨造が採用され、主要な構造部材は自社工場で生産している。こうすることで、高い品質とローコストが両立するのである。

部材を工場で生産すると聞くと、画一的で個性の薄い建物が連想されるが、セレコーポレーションのアパートは、町の雰囲気に合わせたデザインに仕上げられる。入居者が満足することで、オーナーの経営が成功するのである。

経営資源を絞り込んでオーナーの満足を目指す

「若者の単身者向けアパート」に特化した不動産投資を提案することで、オーナーとなる投資家にはどのようなメリットが生じるのだろうか。

明らかにいえることは、入居者の属性が絞られることで、「これがベスト！」というプランが出せることだ。首都圏の駅から近く、周辺環境が若者の好む条件の立地に、合理的でファッショナブルかつ高付加価値のアパートを建てれば、住みたいと思う若者たちが途切れることはないだろう。

その建物も、木造ではなくセレコーポレーション独自の軽量鉄骨造。耐震性が高く、安全性・耐久性にも優れた「ハイテンションキューブシステム」というバランスの良い構造体を採用している。これにより、アパートの耐久性が飛躍的に高まり、メンテナンスコストを低減させることでオーナーの収益性を高めている。

また、セレコーポレーションのアパートは、国土交通大臣指定の認定機関である㈶日本建築センターの厳しい審査をクリアした「型式適合認定」「型式部材等製造者認証」「住宅型式性能認定」を受けている。このためクオリティの高いアパートを短工期で完成させることができるのだ。

しかもそれらのアパートは、すべてセレコーポレーションが賃貸管理、建物管理を担当。入居者の生の声を常に収集することで、適確なメンテナンスやフォローアップが可能になっている。

MDI《エムディアイ》

5

「建てたら終わり」ではなく、30年単位の長期展望でオーナーと考えるアパート経営

DATA

■社名
株式会社MDI（エムディアイ）

■代表者
代表取締役社長　深山将史

■所在地
〒104-0061
東京都中央区銀座4-12-15
歌舞伎座タワー10階

■電話・ウェブサイト
03-3544-2650
https://www.mdi.co.jp/

■設立
2008年10月1日

★★★★★	収益性
☆★★★★	稼働率
½★★★★	立地
☆★★★★	企画力
☆★★★★	ファイナンシャルアレンジメント力
½★★★★	知名度

注目ポイント

1 さまざまな敷地条件に対応するアパートを豊富に用意

2 入居者目線で商品開発した「住みたくなるアパート」

3 オーナーに優しい「30年家賃保証システム」

取扱い物件の特徴

●入居者を離さない各種の会員サービス
●サブリースと一般管理の2つの管理システム

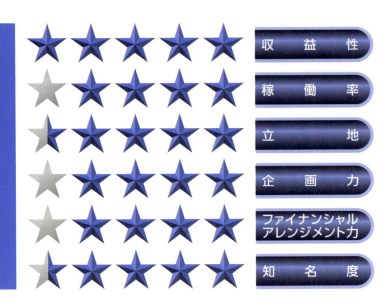

入居者が「本当に住みたい」と思うアイデアを実現

ＭＤＩの考えるアパート経営は、「入居者目線での商品開発」から始まる。いくらオーナーの立場でさまざまなプランを考えても、肝心の入居者が部屋を借りてくれないことには話にならないからだ。そんな商品開発の結果生まれたのが、都市型賃貸住宅「ＬｉｖＬｉ」である。

ＬｉｖＬｉとは、オーナーのＬｉｆｅと入居者のＬｉｆｅが交わるところを意味する造語。建てる人、住む人のみんながハッピーになる、愛され続けるポイントをつかんで離さない、そんな思いを込めて名付けられた理想の賃貸住宅なのである。

入居者が住みたくなり、長く住み続けたいと思う部屋を実現するために、ＭＤＩでは部屋のカスタマイズが可能な「オーダーメイドインテリアシステム」を導入。これは「一括借り上げシステム」を選択した場合に、オーナーの負担なしで入居者の好みに合わせたクロスの貼り替えをアレンジするもの。自分でコーディネートした部屋だから、入居率がアップし、結果として長く住むことになるというアイデアだ。

入居者が入れ替わる際には、新たな入居者が選んだ建具・壁のクロスに貼り替えるので、いつでもきれいな状態で入居することができる。賃貸なのに好みの部屋にすることができるのは魅力的だ。

オーナーの立場に立ったリスク低減のための施策

ＭＤＩが提案する「30年家賃保証システム」は、オーナーの立場に立ってアパート投資を考えた結果生まれた画期的な施策だ。

これは万が一、空室が発生しても、30年間にわたって家賃収入を保証するというもの。家賃については5年ごとに改定の審査を受ける必要があるが、一括借り上げによりオーナーは空室の発生に一喜一憂することなく毎月定期収入が得られる。

また、ＭＤＩではオーナーの状況に合わせて2種類の管理システムが選べるようになっている。ひとつは一括借り上げで別名サブリースシステムと呼ばれる方法。ＭＤＩがオーナーとの間に一括賃借契約を結び、入居者の有無に関係なく契約した賃料を支払うものだ。

もうひとつは一般管理、別名集金代行システムで、オーナーが入居者と賃貸借契約を結ぶ従来通りの方法。しかしこちらもＭＤＩが入居者とオーナーの間に入ってくれるため、オーナーは入居者から直接賃料を受け取る必要はない。いわば、主要な部分はオーナーがみずから行い、必要に応じてＭＤＩのサポートを受けるやり方だ。

どちらの方法を選んでも、ＭＤＩは入居者の募集、契約・家賃管理、入居者管理、建物管理、法定点検などの必要な管理業務を責任を持って行ってくれる。その他必要なアドバイスも随時得られるようになっているから安心だ。

フェイスネットワーク

6

世田谷・目黒・渋谷の「城南3区」に絞った「新築マンション1棟投資」の専門企業

DATA

■社名
株式会社フェイスネットワーク

■代表者
代表取締役　蜂谷二郎

■所在地
〒151-0051
東京都渋谷区千駄ヶ谷3-2-1
FaithBldg.

■電話・ウェブサイト
0120-246-349
https://faithnetwork.jp

■設立
2001年10月2日

注目ポイント

1 都心に近く住環境として魅力のある城南3区に特化

2 付加価値が高く不安要素の少ない新築1棟投資

3 すべてのサービスをワンストップで提供

取扱い物件の特徴

●メンテナンス・管理コストの安い新築RC
●変形地など安価な土地を効果的に活用

不動産投資の選択肢を絞り、投資家に最善のプランを提案

一口に不動産投資といっても、その選択肢は多岐に渡る。立地、敷地面積、住宅のタイプ、新築か中古か、建物の構造はなど、ほとんど無数のバリエーションが存在し、投資家の判断を迷わせる。

そこに「答えはこれ一つ」と見事なまでの絞り込みで投資家に自信を持って提案する会社が現れた。それがフェイスネットワークである。

フェイスネットワークの提案は、まず立地を都内の「城南3区エリア」と呼ばれる世田谷区、目黒区、渋谷区に絞り込み、そこに新築1棟の集合住宅を建設。高収益が見込める投資物件として投資家に提供している。

なぜそのエリアなのかといえば、都心に近い割に緑が多く、住みたい町として人気が高いからだ。人気が高ければ家賃が安定し、入居者の募集にも困らない。

新築1棟にこだわる理由は、入居者が喜び、耐震性など安全性が高く、メンテナンスコストも安く抑えられるから。もちろん中古物件に比べれば取得価格が高くなるが、変形地や旗竿地といった敬遠されがちな敷地を安く購入し、工夫を凝らした設計を実現することで、低コストの新築が可能になっている。

その結果、新築にもかかわらず、安定したキャッシュフローが確保されているのだ。

不動産投資の全行程をプロフェッショナルがサポート

不動産投資をスタートさせると、想像以上に煩瑣なプロセスが存在することがわかる。それらを素人である投資家がみずから手がけるのは現実的でない。最初に、そういったプロセスを安心して任せられる事業パートナーを選択するべきなのだ。

フェイスネットワークは、土地の仕入れ、設計、賃貸募集、物件管理、物件売却、税金対策などの賃貸経営にまつわるプロセスをワンストップでサポート。もちろん物件取得のための融資調達もアシストしてくれる。

それぞれの業務を提携先の会社に任せるところはいくらでもあるが、フェイスネットワークはすべてを一括管理。それにより、業者間で発生する中間コストが省略でき、全体を管理・連携して事業を進めることができるため、工期なども短縮できる。

従来、フェイスネットワークはRC造の「グランデュオ」という1棟マンションを得意にしてきた。スタイリッシュなデザインと優れた耐震性やセキュリティが特徴だが、新たに木造アパートの「キクラス」を導入。コストと品質を両立させた「挽き板フローリング」や木質天井、上質の水回り設備など、従来の木造アパートとは一線を画す高品質賃貸住宅をローコストで実現している。

そういった具体的な項目がすべてWebサイトで見られるところも、フェイスネットワークの特徴である。

7

クラスト

過去30年の賃貸マンション管理実績と堅牢性の高い建物が資産形成をサポート

DATA

■社名
株式会社クラスト

■代表者
代表取締役社長　仁地一哲

■所在地
〒101-0041
東京都千代田区神田須田町2-2-2
神田須田町ビル3階

■電話・ウェブサイト
03-5297-7782
http://www.clast.co.jp

■設立
1975年

注目ポイント

1 首都圏・東海・阪神地区の広域ネットワーク

2 マンション建設と管理サービスで40年の実績

3 積極的資産形成「プラスオーナーシップ」

取扱い物件の特徴

●鉄筋コンクリートの高品質マンション
●万全の管理体制で不安のない賃貸経営

希望や予算に合わせた自社物件を紹介し、収支計画も提案

クラストは首都圏、東海、近畿エリアで40年の実績を持つマンション建設、賃貸管理の一貫経営を行う企業。オーナーの遊休地に賃貸マンションを建設し入居管理までをサポートするほか、土地のない投資家のために土地付き賃貸物件を紹介し、契約後の管理を無料で行うサービスを提供している。

賃貸物件を入手して不動産投資を始めたい人は、まずクラストにアクセスして、希望や予算を提示すればいい。すると現在売り出し中の物件を紹介してくれるほか、要望に合った物件が出るたびに案内をくれる。

興味のある物件があったら、次は現地案内。収支計画の相談にも乗ってくれるので、無理のない投資計画を組むことができる。そして、すべての問題がクリアーされたら、契約だ。

クラストでは、この一連のサービスを「プラスオーナーシップ」と呼んでいる。高入居率の見込める立地をプロが選び、地域の将来性や入居者のニーズに適合した魅力ある賃貸マンションを建築。それを投資家に紹介することで、不安要素の少ない不動産投資が実現するからだ。

どんな物件があるかは、Ｗｅｂサイトに販売実績と販売中物件の一覧が表示されているので、まずはここを覗いてみるといいだろう。

入居管理や物件管理を専門スタッフが無料で代行

クラストの提供する「プラスオーナーシップ」がローリスクな不動産投資である理由は、前述したような有望な立地に物件を建設することに加えて、堅牢で魅力的な建物を建てているから。

クラストは耐震・耐火性能を備えた高耐久の建物を自社で責任を持って建設している。それがオーナーの資産価値の維持と入居者の安心につながり、投資リスクを下げていく。

賃貸物件の経営には、万全な管理体制が求められるが、契約後の入居管理や物件管理はクラストの得意とする業務である。「トータルサポートシステム」と呼ばれるサービスのもと、クラストの専門スタッフがオーナーに代わって管理業務を無料で行ってくれるのだ。

そして、建物の美観と魅力を維持し、入居を促進するためにリフォームが必要と判断されると、随時アドバイスしてくれる。

「トータルサポートシステム」に含まれるメニューは、入居管理に関する部分が入居者募集、入居手続き、入居者管理、退去手続きなど。建物管理に関する部分は、美化推進、退去時リフォーム、定期巡回サービスなど。そして経営支援として、収支シミュレーションや税金の相談にも応えてくれる。

通常、こういったサービスにはそれなりの費用がかかるものだが、クラストの「プラスオーナーシップ」は管理費が無料。これは大きなメリットだ。

ホームデザイン

8

ニーズが高く空室になりにくい「防音マンション」で高付加価値を実現

DATA

■社名
株式会社ホームデザイン

■代表者
代表取締役　田村文宏

■所在地
〒174-0071
東京都板橋区常盤台4丁目31番15号
ラシクラス1階

■電話・ウェブサイト
03-5922-5733
http://home-design.co.jp

■設立
2007年3月

項目	評価（星）
収益性	5
稼働率	3
立地	4.5
企画力	4
ファイナンシャルアレンジメント力	4
知名度	3.5

注目ポイント

1 長寿命・低価格・魅力あるプラン

2 高品質なRCマンションを低コストで建築

3 高付加価値で収益性の高い防音マンション

取扱い物件の特徴

●空室の出にくい防音マンション
●一括借り上げの「オーナーサポート」

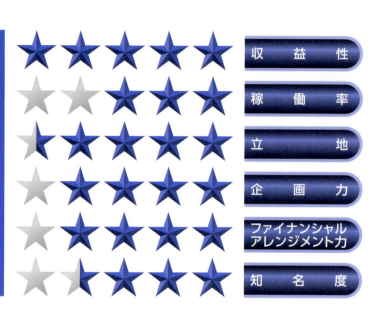

常に供給不足の防音マンションで安定した高収益を実現

株式会社ホームデザインは、防音マンション「ラシクラス」で注目されている会社である。11年前にリフォーム会社として産声を上げ、「RC外断熱の家」でヒットを飛ばし、4年前からは防音マンション「ラシクラス」を発売開始、創業から一貫して右肩上がりの成長を遂げている。

同社自慢の「ラシクラス」は、70デシベルもの防音効果を示す。簡単にいえば電車通過時のガード下の騒音が、深夜の郊外レベルに下がる防音性能である。これは子どものいる家庭や楽器が趣味の人、音楽教室の経営者などが待ち望んでいた住宅であるといえる。

こういった防音性能を売りにした賃貸住宅は、「ありそうでなかった家」なので、情報伝達さえうまくやれば、多少立地が悪くても、少し家賃が高くても、入居者が集まる。ということは、オーナーにとっては収益性、安定性、将来性の3つを兼ね備えた高付加価値物件ということになる。

賃貸住宅は競合の多いエリアでは少しでも魅力を高めないと競争に勝てない。魅力が乏しい場合には家賃を下げざるを得なくなるが、それでは高収益を望むことはおろか、へたをすると赤字になりかねない。「防音マンション」のような特徴は、これからますます望まれるはずだ。

入居者とオーナーの双方にメリットのある防音マンション

実際にどんな人が防音マンションへの入居を選択しているのかを見てみると、やはり楽器演奏者が目立つ。サックス、エレキギター、グランドピアノなど、使用する楽器はいろいろだが、「24時間好きなときに音を出したい」というニーズは同じ。そして彼らはモデルルームで実際に音を出して防音性能を確認し、安心して入居を申し込む。

「ラシクラス」の防音性能を支えているのは、防音床、防音壁、防音天井、二重防音扉、二重防音サッシ、防音吸排気ダクトといった独自の防音施工。もともと防音性能に優れたコンクリート造に加えて、たっぷり厚みをとった防音工事が施されているため、既存の住宅に後付けで防音工事をした場合とは比較にならない遮音性能を示すのだ。

この結果、音を出したい入居者は、家賃が高くても「ラシクラス」を選ぶ。仮に家賃が2万円高くなっても、音楽スタジオを借りてそこに往復することを考えたら、はるかにリーズナブルだからだ。好きな時間に好きなだけ音を出すことができるという住宅の付加価値は、これからますます重視されるに違いない。

ちなみに「ラシクラス」の目標利回りは8％。これは新築賃貸物件の中では突出して高い。一般的にいえば、かなり割安で購入した中古物件並みといえる。

そんな高利回りが実現できるのも、市場で圧倒的に供給不足な防音マンションであるからだ。

日本家主クラブ

9

世界中の投資家が注目する東京都心部に アパート・居住用ビルを新築

DATA

■社名
日本家主クラブ株式会社

■代表者
代表取締役　米田賢爾

■所在地
〒161-0034
東京都新宿区上落合1-30-16
ボヌール小滝橋ビル2F

■電話・ウェブサイト
03-3227-9141
http://www.yanushiclub.jp

■設立
2000年1月24日

注目ポイント

1 景気変動に強い都心ワンルームに特化

2 長期投資で実質利回りの確保を狙う

3 メンテナンス費の安い低層住宅を提案

取扱い物件の特徴

- 30年後も実勢評価の高い耐用年数
- おしゃれな外観・内装と充実した設備

東京都心部の不動産は最もリスクの低い投資物件

ミドルリスク・ミドルリターンといわれる不動産投資だが、「投資」である以上「絶対」はない。必ずリスクが存在し、思わぬ損害を被る可能性があるのだ。そのリスクには、顕在化しているものもあるが、目に見えないものもある。

　不動産投資会社各社は、どこもそのリスクを最小にするべく知恵を凝らしている。魅力的な立地を求めたり、建物に大きな付加価値をつけたり、管理面でオーナーの労力を省いたりするものだ。

　日本家主クラブが提案しているリスク回避のアイデアは、「東京都心にアパート・居住用ビルを新築する」というもの。日本では東京一極集中が進むことにより、本当に収益力のある土地は東京都心のみとなっている。

　さらに東京都心部は再開発計画が順調に進んでおり、再開発が行われた地域は土地の評価額が2倍以上にもなる。それではなかなか有望な土地が手に入らないのではないかと思うかもしれないが、相続や買い替えのために売却を急ぐ人たちが一定数存在するため、不動産のプロにとっては必ずしも供給不足ではないのである。

　そうした土地を手に入れ、ローリスクでオーナーの安定的な収益を実現する。それが日本家主クラブの不動産投資戦略なのである。

不動産投資には長期展望と未来予測が欠かせない

　収益不動産による投資のリスクは、大きく3つに分類される。ひとつめが賃料の下落や空室による収益減少リスク。賃料のみがインカムとなるため、ここがダメージを受けると全体の計画が狂ってしまう。日本家主クラブの提案する「都心の小型住戸ワンルーム」は、現在の日本の状況で考えられるベストでオンリーワンのプランといえる。

　次のリスクはランニングコストなどの維持費用が増大することによる収益減少リスクである。経年変化によるメンテナンス、リフォームのコストは建物取得時にはわかりにくいので見落としがちになるが、この費用はバカにならない。日本家主クラブはそのリスクを軽減するために「低層住宅」を勧めている。エレベーターは大きなコスト要因であるし、高層住宅は近隣とのトラブル、住民同士のトラブルが多いからである。

　そして最後のリスクが立地周辺の環境変化などにより、不動産の資産価値が下落するというものだ。いわゆるスラム化などがそれにあたる。

　日本家主クラブはこれらのリスクを総合的に考慮し、東京都心にメンテナンス費の安い低層のワンルーム住居を新築することが最もローリスクで長期的に安定した収益をもたらす選択であるという結論に達した。その背景となる情報やプロならではの考え方はWebサイトに非常に詳しく述べられているので、参考にするといいだろう。

ラッキー

10

東京都内・駅近8分以内で新築1棟のアパートを建設、確実な収入を目指す

DATA

■社名
ラッキー株式会社

■代表者
代表取締役　後藤秀実

■所在地
〒154-0004
東京都世田谷区太子堂2-7-3 3F

■電話・ウェブサイト
03-6805-2726
http://lucky-investment.com

■設立
2011年12月7日

注目ポイント

1 東京都内、利回り8%の物件を狙う

2 リスクの低い新築1棟アパート

3 メンテナンス、解体費用の安い木造住宅

取扱い物件の特徴

●新しいタイプの賃貸アパート
●共有スペースが定着率を向上

「売ったら終わり」ではないコミュニケーションの構築

アパート・マンション投資を検討し始めたとき、最初にぶつかる問題が「どの会社を選んだらよいのか」ということだ。多くの会社が「わが社をお選びください」とさまざまな利点を主張しているが、どうやって選べばいいのか答えの出せる人は少ないだろう。

そんな会社選びで少なくともひとつ言えることは、「売りっぱなしの業者は選ばない」ということだ。単なる不動産会社は、物件が売れれば儲かるので早く売って次の客のところに行きたがる。だが本物の不動産投資会社は、お客様が不動産投資で成功するまでがビジネスなので、売った後のフォローも手厚い。

たとえばここで紹介するラッキー株式会社は、東京の世田谷で仲介・戸建分譲事業を行ってきた仲間が集まってできた会社。新築戸建・アパート分譲をメインとするデベロッパーとして、平成23年12月に創業している。創業は新しいが、それまでの背景があるので、プロとしての経験やノウハウに問題はない。

不動産投資を考えているお客様に代わって面倒な作業をすべて引き受けてくれるのはもちろんのこと、税金や確定申告についてもプロの視点でしっかりとサポートしてくれるのだ。そして投資が進行してからの戦略もいろいろと提案してくれるので、先々まで安心だ。

東京都内、駅近の好立地でも新築で低家賃を実現

ラッキーが扱う物件の特徴は、都内または都内に準ずる駅から徒歩8分以内の立地であること。この条件だと入居者に困ることがないので、安定して高い稼働率が望める。

そして驚いたことにラッキーの賃貸アパートの賃料は平均5～6万円台と、相場より低めの設定。これなら学生や新社会人などを中心に高い需要が見込める。

さらに、物件は低層2階建て。十分な部屋数を確保しているために一般住宅よりも耐力壁が多く、地震に強い構造になっている。木造であるためにRC造と比較すると減価償却期間が短く、減価償却費を大きく取ることができる。黒字経営なら借入金利は全額経費計上できるので、節税効果も高められる。

これらの特徴から、ラッキーの投資物件は利回りが高く、サブリースで全棟を貸し出してもローンの支払額を上回り、当初から黒字経営が可能になるのである。

そしてラッキーは新しいタイプの賃貸アパート「サークルハウス」を提案している。これは入居者同士が専用のサイトを通じてコミュニケーションを図ることができるもので、さらに一歩進んで共有スペースを設けた物件もある。個人のプライバシーは保ちながら、シェアハウスのような交流ができるサークルハウスは、入居者の定着率を高めるだけでなく、これからの共同住宅のありかたを示すものとなる。もちろん、デザインも若者向きで明るく清潔感に溢れている。

COLUMN

不動産オーナー　これだけは知っておきたい❶

不動産投資は事業である。事業である以上、これだけはチェックしておこう

物件情報は自分の目と足で確認する

土地を購入し賃貸アパートを建てる、賃貸用のマンションを購入するなど、投資のパターンはさまざまであり、それによって物件のチェックポイントは異なる。当然、どういう人に借りてもらいたいかによっても、異なってくる。

借り手が物件を決めるのは、物件の広さや間取りはもちろんだが、生活のしやすさも重要な要素になるからだ。

たとえば単身者相手に賃貸を考えているなら、教育機関や保育施設よりも、日常的な買い物ができる商店があるかどうか、飲食店が充実しているかどうかなどが、重要なチェックポイントになるだろう。

このような生活の利便性を高める施設は地図上でもある程度は確認できるが、購入を考えている物件からの距離や営業時間など、実際に歩いてみてわかることや実感できることが少なくない。百聞は一見にしかずだ。

物件取得は大きな買い物である。物件取得を決定する前には、必ず現地に赴き、自分の目と足で確認することが必要だ。

昼間だけでなく夜間の環境チェックも必要

しかし実際に現地に赴き自分の目と足で確認したので、それで十分かというと、必ずしもそうとはいえない。

というのは、日中と夜とでは環境がまるで違うことも少なくないからだ。

日中は人通りが多いが夜は人通りが少なく、街灯もなく、安全性に不安があるということはよくあることだ。

地図でチェックすればかなりの情報は得られるが、近くに倉庫があり、夜になっても大型車の出入りが多く、かなりの騒音がある。飲食店はあるものの、早く閉店してしまうなど、借りる人の身になって夜間の環境もチェックしておくべきだ。

さらにいえば、ウイークデーと土日など、曜日や時間帯を変えて、物件周辺を見て回るほうがよい。昼間と夜間だけでなく、平日と休日でがらりと雰囲気の変わるエリアは少なくないのである。

どんな事業にもマーケティングが必要なように、不動産投資も事業である以上、調査は不可欠だ。物件に大きなお金を投資するわけだから、念には念を入れて調査すべきである。それが成功への第一歩ということを忘れてはならない。

★主なチェックポイント

利便性	●買いもの施設、病院、役所、銀行（ATM）、郵便局など。
交通環境	●鉄道の最寄駅・バス停、その他利用できる交通機関。始発・終電の時間も。 ●交通量。渋滞、騒音など。
子育て環境	●保育施設、学校、塾など。距離も重要。 ●公園など。
環境	●何か建設される計画はないか。予定がある場合、その高さなど。 ●工場や倉庫、深夜営業している飲食店、娯楽施設など、住環境に影響を与えそうな施設がないか。 ●治安状況、騒音やにおい、ゴミ回収関連。

Part 5

おススメ!

不動産投資会社ランキング

土地活用新築アパート部門

所有している土地の有効活用の手段として
アパートを新築して賃貸収入を考えている……。
土地の広さ、立地など、土地の条件が決まっているぶん、
どういうアパートを建てるかが投資の成否を左右する。
ここでは、「土地活用新築アパート」の投資で
頼れるパートナーになってくれる不動産投資会社をランキングで紹介!

★ランキング指標

収益性	物件の収益性の高さ
稼働率	物件の稼働率の高さ
管理・業務代行力	賃料集金代行・賃料滞納への対応・苦情対応などの業務代行サービス力
企画力	人気物件を企画する力
ファイナンシャルアレンジメント力	金融機関との折衝力。金利・融資額・返済期間など、有利な条件で融資を引き出す力
知名度	知名度の高さ

積水ハウス

1

東証一部上場の住宅専業メーカーが提供する賃貸住宅経営による土地活用プラン

DATA

■社名
積水ハウス株式会社

■代表者
代表取締役社長　仲井嘉浩

■所在地
〒531-0076
大阪市北区大淀中1-1-88
梅田スカイビル　タワーイースト

■電話・ウェブサイト
06-6440-3111
http://www.sekisuihouse.co.jp

■設立
1960年8月1日

★★★★★	収益性
★★★★★	稼働率
★★★★★	管理・業務代行力
★★★★★	企画力
★★★★★	ファイナンシャルアレンジメント力
★★★★★	知名度

注目ポイント

1 築後10年、20年でも入居者の嗜好や時代のニーズに応えられる入居者ファーストの物件力

2 入居者募集やメンテナンスなど建てた後も安心の経営サポート力

3 業界最多の235万戸を超える住まい作りの経験で入居率96.8%を実現

取扱い物件の特徴

●ゆとりと風格が漂うデザインで入居者を魅了し続ける
●高い耐震性で万一の大地震でも建物と入居者の生命を守る

住宅トップメーカーが提供する土地活用のための低層賃貸住宅

積水ハウスは１９６０年創業の大手住宅メーカー。住宅販売戸数で国内一位の東証一部上場企業である。戸建て住宅では木質系プレハブ住宅と鉄骨系プレハブ住宅の二種類を併売しており、それぞれの長所を生かした住宅の提供を可能にしている。

戸建て住宅と並ぶ同社の収益の柱が「シャーメゾン」と呼ばれる低層賃貸住宅である。遊休地を持つ土地オーナーは、土地の活用による安定収入を望んでいるが、それに対する同社の回答が、低層賃貸住宅を建設し、家賃収入を得る方法だ。

遊休地に賃貸住宅を建設すれば、税負担が軽減され、家賃収入が得られる。空き地が住宅になることによる地域貢献も果たせる。もちろん、あらゆる事業にはリスクはつきものだし、計画した通りに進まないのも事業の常だ。だが、そのリスクを可能な限り押し下げ、土地オーナーの満足を得られるように、さまざまなアイデアが巡らされている。

たとえば、賃貸物件は入居者が安定して得られなければ収益どころか赤字になってしまいかねないが、積水ハウスのシャーメゾンは新築時はもちろんのこと、10年後、20年後も入居者に選ばれるような競争力を持っている。常に入居者の嗜好と時代のニーズに合わせた物件づくりを心がけているからだ。

3・4階建てと2階建ての2つのタイプから選べる

シャーメゾンの特徴は、戸建て住宅と変わらない快適で安全、安心な暮らしが実現できること。そのために、２３３万戸を超える積水ハウスの建築実績から生まれる技術とノウハウが惜しみなく使われている。

シャーメゾンには大きく分けて2つのタイプがある。3・4階建ての「ベレオ」と、2階建ての「プロヌーブ」だ。ベレオにはさらに内階段タイプの「ベレオ・リミテッド」と、4階建ての複合型住宅である「ベレオ・プラス」が加わる。

プロヌーブには限定モデルの重層テラスタイプである「プロヌーブ・リミテッド」と、内階段タイプの「プロヌーブ・リミテッドU」もある。

ベレオは、重量鉄骨を用いたフレキシブルβシステムによる強靭な構造と、自由な設計が自慢。都市部の厳しい建築条件をクリアする技術と性能が、高い資産価値を築き、それを長期間維持できる。オリジナルの高性能外壁は賃貸住宅とは思えない品質と外観をもたらし、モダンなデザインは街のランドマークともなる風格を与えてくれる。

一方のプロヌーブは、強靭さと自由設計をもたらす鉄骨構造のユニバーサルフレーム・システムを採用し、洗練された2階建て集合住宅を実現している。この構造システムは1・2階を貫く通し柱が不要になるため、1階と2階で独自の間取りを設計することが可能なのだ。もちろん耐火・耐震性能も高い。

安全・安心と優れたデザインが高い入居率を実現している

賃貸住宅へ入居する人たちは、どんな根拠で自分の住みかを選んでいるだろうか。まず立地、次は家賃というのが順当なところだろう。もしそれが同等ないくつかの候補があった場合は、何が選択の要となるか。広さ、使い勝手の良さ、安全性、そして愛着の持てるデザインといったところだろう。

立地から広さまではメーカーに関係なくオーナーの持っている土地に左右されるが、そこから先はメーカーの腕の見せどころだ。シャーメゾンの自慢は、まず住宅性能表示制度の最高等級である「耐震等級3」が示す耐震性能に代表される建物の頑丈さにある。

そして、ホテルのようなエントランス、住む人への配慮に満ちた共用設備といったこだわりの設備仕様や、「これが賃貸住宅か」と驚かれる品格あふれるデザインが、入居者の愛着を高める。

さらに、賃貸住宅につきものの騒音問題を独自の高遮音床システム「シャイド」が解決。入居者の音のストレスを軽減している。最新の遮音性能を誇る「シャイド50」なら、通常の鉄骨造と比較して騒音を3分の1に軽減してしまうのだ。

これらの特徴が寄与して、シャーメゾンは入居率なんと96・8%という高い実績を実現。土地オーナーの安定収入実現をしっかりサポートしている。

グループ会社で一貫して土地活用をサポート

遊休地を活用しての不動産投資では、建物を建ててから先が経営の本番となる。新築時は当然のことながら、数十年先まで安定して入居者が入ってくれなければならないし、その入居者がきちんと家賃を払ってくれる必要がある。そのリスクを避けるための一括借り上げプランがあれば安心だが、それが長期間にわたって続くかどうかも鍵になる。

そのためには、オーナーのほうだけを向くのではなく、入居者に向き合い、入居者のニーズに応え、近隣からも愛されるようなパートナーを選ぶことが大切だ。

積水ハウスには土地活用プランの「シャーメゾンWithシステム」があり、事業提案から設計、建築施工、経営サポート、維持管理までをグループ企業で一貫して提供している。最初のステップである土地活用の相談窓口は「シャーメゾンステーション」と呼ばれ、豊富な経験を持つ専門スタッフが納得いくまで対応してくれる。

この入口段階では、市場や環境、敷地の調査はもちろん、法規のチェックもきちんとすませた上で、収支計画が提案される。オーナーがゴーサインを出したら、いよいよ建築計画と資金計画だ。

そして契約が済んだら、施工。シャーウッドの場合、必要な部材は積水ハウス自社工場で製作され、それをグループ企業の積和建設が組み立てる。実績のある高品質な部材をグループ企業が組み立てるので、安心だ。

オーナー専用のWebサイトや紙の情報誌で情報提供も万全

建物が完成したら、検査工程を経て引き渡しが行われる。そこから先のサービスも、やはり積水ハウスグループが一体となって対応する。

まずは安定収入をもたらす「一括借り上げシステム」。それから税理士・弁護士による個別相談。さらにはオーナー専用ホームページと専門情報誌による経営情報の提供もある。

オーナー専用ホームページ「シャーメゾンオーナーズサイト」は、スマートフォンにも対応した最新のＷｅｂサイトで、オーナー一人ひとりのためにカスタマイズされている。所有物件や周辺の市場動向などの個別情報が確認できたり、税金などの相談に専門家が答えてくれるサポートもある。その他、各種イベントやセミナーなどの情報がタイムリーに得られたり、経営に役立つさまざまな情報が得られる。しかもこのサイトに関しての入会金や年会費は不要なのだ。

情報誌「メゾナー」は、年2回発行。あわただしいインターネットの情報だけでなく、ページをめくってゆったりと情報に接したいときは、やはり紙の雑誌がありがたい。

その他、積水ハウスオリジナルの参考書籍もいろいろと用意されているので、同社Ｗｅｂサイトを覗いてみるといい。そこから注文もできるようになっている。

万全のアフターサポートで長期間の安定経営が可能になる

建物を建ててからのアフターサポートは、賃貸住宅の品質と性能を長く保ち、長期安定経営に結びつけるには欠かせない。積水ハウスは全国95拠点にカスタマーズセンターを設置しており、１４００人の専任スタッフが建物の価値を守る体制を敷いている。この人数は、全従業員の10％にあたるというから、いかに同社がアフターサポートを重視しているかがわかる。

建物そのものは、独自の20年保証が構造躯体と雨水の浸入を防止する部分に対して適用される。これは法律で定められた10年の瑕疵担保責任期間の2倍にあたる。その他の各部位についても、それぞれに期間を設けた保証があり、保証終了後は10年ごとに再保証する独自の「ユートラスシステム」が何度でも繰り返し受けられる。

経年変化や入居者ニーズに変化に対応するためのリフォームについても、グループ企業の積和不動産各社や積水ハウスリフォームと連携し、適切なリフォームを提案してくれる。外装のリフレッシュや間取り、内装の変更、最新設備の追加設置などを行うことで、長期間にわたって高収益を生む賃貸住宅を持つことができる。

オーナーを悩ます相続問題は、グループの積水ハウス信託が提供する「不動産管理信託」に任せれば、資産管理や遺産相続、資産継承などの問題を解決してくれる。

大和ハウス工業

2

国内トップメーカーが自信を持って提案する
高品質、ワイドバリエーションの賃貸住宅

DATA

■社名
大和ハウス工業株式会社

■代表者
代表取締役社長　芳井敬一

■所在地
〒530-8241
大阪府大阪市北区梅田3-3-5

■電話・ウェブサイト
06-6346-2111
http://www.daiwahouse.co.jp

■設立
1947年3月4日

★★★★★	収益性
⯫★★★★	稼働率
★★★★★	管理・業務代行力
★★★★★	企画力
⯫★★★★	ファイナンシャルアレンジメント力
★★★★★	知名度

注目ポイント

1 「まずアパートありき」ではなく、土地の条件や目的など
オーナーの希望に沿った土地活用のトータルプランを提供

2 国内トップメーカーの実績と技術が生み出す多彩な建築プラン

3 オーナーの情報交換の場である「オーナー会」など
オーナーを孤立させないサポート体制

取扱い物件の特徴

●立地条件やオーナーの希望に合わせた多彩な建物プラン
●入居者が飛びつく先進の間取りや機能がいっぱい

土地活用プランをゼロから一緒に考えてもらえる体制

住宅・建設業界の最大手である大和ハウス工業は、日本で最初にプレハブ住宅を手がけたパイオニアでもある。同社のホームページを見ると、トップページに「土地活用」のボタンがあり、その先は「賃貸住宅・賃貸マンション」「ロードサイド店舗」「オフィス・事業拠点」「高齢者住宅」「診療所」「介護施設」「複合型商業施設」「ビジネスホテル」というように分岐する。

つまり、一口に土地活用と言っても、土地の条件や目的、オーナーの希望などで最適なプランが変わってくることを明確に示しているわけだ。そしてどの事業を選べばよいかわからない人に向けては「土地活用ナビ」が用意され、質問に答えて選択肢を選んでいくだけで、最適な事業プランが提案されるようになっている。たとえば立地タイプが「住宅地」で敷地面積が「200坪未満」、活用目的が「長期安定収入」だとすると、「オススメの事業」として「賃貸住宅」「賃貸マンション」「高齢者住宅」「介護施設」「店舗併用賃貸マンション」「物販店舗」の順に提案が並ぶ。それぞれの提案には「ケーススタディ」「事業の進め方」「関連する事務所を探す」というボタンがあり、どんどん情報を集めていくことができる。対話型で情報収集ができるこの仕組みはとても親切だ。

多種多様な建築プランと全方位をカバーするサポート

土地オーナーが土地活用プランとして賃貸住宅建設を選択すると、大和ハウスはまず土地診断と法規チェックにかかる。そして需要調査を実施し、家賃・敷金の相場を算出し、入居者の予測も行う。次が経営計画で、公的融資、民間融資の活用計画や長期的な収支計画を立て、経営計画書を作成。このとき、必要に応じて専門家によるアドバイスももらえる。

そして建築計画ができたら、いよいよ契約。大和ハウスの賃貸住宅は大きく分けて2階建て、3階建て、賃貸マンションの3つになるが、2階建てだけでも8種類もの商品群がある。

そのひとつである鉄骨系2階建ての「セジュールウィット」は耐久性・耐候性を追求したモデル。そのほかに、京和風タイプや重層タイプ、高齢者向けタイプ、プラスルームタイプなどがある。

3階建ては鉄骨系のセジュールオッツをはじめ、重量鉄骨・軽量鉄骨のハイブリッド構造を採用したアバンウェル ディッツォなど、やはり多彩なバリエーションが揃う。

建設が始まって建物が完成したら、検査を経て引き渡しとなる。その後はアフターサポートが始まり、経営、施設管理、資産管理などのサポートのほか、情報交換の場であるオーナー会へと誘われる。大和ハウスでは安定経営を実現する支援体制「悠々サポート・DAPS」を提供しているので、細かいところまで安心して任せることができる。

大東建託

3

賃貸住宅管理戸数国内トップの一部上場企業
一括借り上げの賃貸経営受託システムが特徴

DATA

■社名
大東建託株式会社

■代表者
代表取締役社長　熊切直美

■所在地
〒108-8211
東京都港区港南2-16-1
品川イーストワンタワー24階

■電話・ウェブサイト
03-6718-9111
http://www.kentaku.co.jp

■設立
1974年6月20日

注目ポイント

1 一般的な一括借り上げより5年長い
収支変動のリスクに対応した「35年一括借り上げ」を提案

2 オーナーとしての誇りを持てる高品質な賃貸建物と
付加価値の高い入居者向けサービス

3 管理専門スタッフにより家賃滞納率0.08%を実現

取扱い物件の特徴

●快適で豊かな新しい住まい「DK SELECT」を提供
●女性の入居者に配慮した女子ゴコロ100%のデザイン

企業理念にも謳われている土地活用への強い思い

大東建託の経営理念は「限りある大地の最有効利用を広範囲に創造し、実践して社会に貢献する」となっている。つまり、賃貸住宅管理戸数国内トップの実績は、土地活用を社是としてきた証なのだ。

ライバルに対する同社の自慢は、賃貸経営のリスクを最小限に抑えるための数々の施策。同社はこれを「賃貸経営受託システム」と呼んでいる。

たとえば収入リスク。賃貸経営の場合、空室や家賃滞納が発生すると収入がマイナスになるが、これをカバーするのが「35年一括借り上げ」。通常の一括借り上げが30年のところ、より長期間の契約とすることでオーナーのリスクを減らす施策である。

同様に家賃相場の下落も収入リスクとなるが、大東建託は一般的な一括借り上げが2年ごとの見直しであるところ、当初10年固定、以降5年ごとの更新としている。

支出リスクに関しては、35年間は原状回復費のオーナー負担をゼロにするほか、修繕費も30年間オーナー負担なしとしている。

そして空き室が出ないようにさまざまな付加価値を付けた結果、大東建託の入居率は96・9%という高率を維持している。全国平均の住宅入居率81・1%と比較すると、その高さがわかるはずだ。

入居者の安心とオーナーの誇りを両立する数々の特徴

大東建託の賃貸住宅である「DK SELECT」の特徴は、立地条件や地盤の状態、建物の規模などのさまざまな条件に対して最適な建物が提供できるように、2×4工法、エコプレカット工法、鉄骨造、鉄筋コンクリート造の各種工法をケースバイケースで採用している点だ。

そして「DK SELECT」では、入居者の安心を獲得し、オーナーの資産価値を高めるために、安全性、断熱性、遮音性、セキュリティの面での性能を向上させている。

安全性では、耐震構造、制震構造、免震構造の3つの構造技術が地震に強い建物を実現。さらに計画地の地盤の状態や建物の規模に合わせた複数の基礎工法が、安全性を確保するようになっている。

断熱性能においては、「壁式構造」「多層構造」「アルミ樹脂複合サッシ」などの組み合わせにより、次世代の省エネ基準である「等級4」を獲得。気密性能・断熱性能を高め、快適な生活空間を実現している。

近年注目されている遮音性については、従来仕様と比較して重量衝撃音を半減させるとともに、軽量衝撃音を3分の1に軽減する床構造「ノイズレスフロア」を開発。入居者が安心して生活できる住宅を提供することに成功した。

そのほか耐久性では屋根と外壁に耐用年数30年の材料を使用。セキュリティでは防犯効果の高いメモリーキーを採用するなど配慮が行き届いている。

スターツCAM

4

スターツグループ内で土地活用・賃貸住宅投資に特化した専門企業

DATA

■社名
スターツCAM株式会社

■代表者
代表取締役社長　直井秀幸

■所在地
〒103-0027
東京都中央区日本橋3-4-10
スターツ八重洲中央ビル6F

■電話・ウェブサイト
03-6860-3330
https://www.starts-cam.co.jp

■設立
2005年10月

- 収益性
- 稼働率
- 管理・業務代行力
- 企画力
- ファイナンシャルアレンジメント力
- 知名度

注目ポイント

1 土地活用に特化してグループ企業の商品で対応

2 入居者クレーム対応の全面代行など幅広いサポート

3 子育て支援賃貸住宅「アリア・ソワン・プレミアム」

取扱い物件の特徴

●社会のニーズに合致した付加価値の高い賃貸住宅
●入居者の生活を深掘りして到達した収納率10%

土地活用の専門会社を中心にグループ全体で協力体制

スターツCAMの「CAM」とは、Construction（建設）の「C」、Asset Management（資産運用）の「A」と「M」を組み合わせたもの。建設による資産運用、すなわち土地活用に特化した会社であることを表している。

同社に土地活用のコンサルティングを依頼すると、まず土地活用の目的を明確にすることから始まり、市場調査・プランニングを経て事業計画の策定に移り、建築計画・設計へと進む。そして請負契約を済ませたら、着工だ。

建物の建設中に、入居募集が始まるが、これはスターツグループが展開する不動産店舗の「ピタットハウス」が担当する。そして建物が完成したら引き渡しとなり、いよいよ賃貸経営がスタートする。

建物の管理は同じくグループ企業のスターツアメニティーが担当。滞納の督促、苦情処理、退去の手続きなどから長期安定入居の対策など、多岐に渡る賃貸管理の業務をサポートしてくれる。一括借り上げシステムを契約していれば、24時間365日、コールセンターがトラブルに対応してくれるので安心だ。

一括借り上げシステムは最長30年まで可能で、オーナーはスターツから毎月決まった賃料を受け取れる。細かいことに気を取られることなく安定した賃貸収入を得ることができる方法だ。

入居者の心を十分に理解した魅力的な住宅ラインナップ

スターツCAMの賃貸住宅は、規格型商品とコンセプト商品に分かれる。規格型商品「キレイエ」の特徴は、入居者の視点に立った「収納率10％」。入居者に対する定期的なアンケートから判明した、入居者の不満が収納場所不足にあることを解決するために、徹底的に収納にこだわった住宅である。

一方のコンセプト商品は、特徴を際立たせた非常に個性的な住宅。たとえば子育て支援賃貸住宅「アリア・ソワン・プレミアム」は、20代から30代の子育て世帯向けの工夫が随所になされている。調理スペースの前が子どもの通り道にならない動線の配慮や、対面型オープンキッチンの採用で常に子どもの様子が目に入るなど、ママのストレスを大幅にカットする設計になっている。

立体型賃貸住宅「秘密基地」「秘密基地WOOD」は、賃貸住宅にワクワクするような遊び心を取り入れた住宅。高さ方向の空間を活用することにより、それぞれの居室が「1・5階」となり、開放感あふれるデザインを実現している。容積面積に算入されない天井高1・4m以下のロフトを取り入れることによって、建物高さに制限がかかる地域や敷地が十分でない立地を最大限に活用した設計が可能となる。

ほかにもユニークで入居者が飛びつくような住宅が提案されているので、まずはスターツCAMのホームページを見てみることにしよう。

東建コーポレーション

5

6期連続で増収増益の
土地活用・賃貸住宅専門の東証一部上場企業

DATA

■社名
東建コーポレーション株式会社

■代表者
代表取締役社長兼会長　左右田稔

■所在地
〒460-0002
愛知県名古屋市中区丸の内2-1-33
東建本社丸の内ビル

■電話・ウェブサイト
052-232-8000
http://www.token.co.jp

■設立
1976年7月17日

収益性
稼働率
管理・業務代行力
企画力
ファイナンシャルアレンジメント力
知名度

注目ポイント

1　厳格な事業審査で長期安定の事業計画のみを提案

2　自社工場で生産される建築部材を低コストで提供

3　仲介専門店「ホームメイト」が高い入居率を実現

取扱い物件の特徴

●特許取得の高耐震技術と遮音性の高い住空間
●誰もが安心・安全・快適に暮らせるバリアフリー

土地オーナーの立場に立って「儲からない事業」は勧めない

土地活用に賃貸住宅経営を選択した場合、最も懸念すべきリスクは「果たして継続して入居者が見つかるだろうか」という点であろう。本書掲載の企業ではそんなことはないはずだが、世の中には「建てさせればそれでOK。後は知らない」といった態度の業者もあるというから、その点は慎重に慎重を期しておくべきだ。

メーカー側もその点は十分承知していて、しっかり対策をしているところが多い。たとえば東建コーポレーションはその特徴を謳った「7つの強み」の筆頭に「適性審査」を挙げている。

どういうことかというと、土地活用のプラン作成を依頼されたときに、立地を人口動向や新設住宅着工戸数、地価、周辺状況、区画整理地などの「マクロ要件」と、周辺物件の入居率や家賃増減率、収益性、建築費などの「ミクロ要件」の両面から同社独自の判定基準によって審査し、賃貸事業経営が行えるエリアかどうかを判定するのである。

その後もチェックは続き、融資の事前確認や適正家賃の設定、総合的な事業計画審査も行う。これらの審査の結果、経営が成り立たない立地であることが判定した場合、東建コーポレーションは事業提案を行わない。あくまでもオーナーの立場に立って、儲からない事業を無理に推進することはないのである。

「7つの強み」で安全・安心な賃貸住宅経営をサポート

「7つの強み」の以下6項目は、「保証システム」「耐震性・遮音性」「自社生産」「バリアフリー」「入居率」「管理実績」となっている。

「保証システム」とは、オーナーの収入を長期安定させる一括借り上げのサブリースシステムを意味している。空室や家賃滞納のリスクと無縁で、建物の管理や入出金も面倒を見てくれる。

「耐震性・遮音性」は、高耐力フレーム、制震フレーム、鉄骨地中梁基礎工法、東建高遮音床55システムによる、地震に強く騒音の出にくい建物構造であることをアピールしている。東建コーポレーションの賃貸建物は、建築部材や住設機器を自社で生産しているため、高性能な住宅を低コストで提供することができるのだ。

また、高齢化社会に対応して、段差をなくし、危険な箇所には手すりを付けるバリアフリーを実施。入居者が安全・安心・快適に暮らし、地域社会に貢献する住宅を実現している。

「7つの強み」の最後の2つは、業界最高水準を誇る入居率と、管理数と管理実績で培われた管理ノウハウである。東建が展開する全国不動産賃貸仲介店舗ネットワーク「ホームメイト」の1万店を超える情報拠点が入居者を探し、姉妹サイトを含めた運営サイトで幅広く入居希望者へのPR活動を行っている。

これらの強みを生かしたトータルサポートが東建コーポレーションの魅力であり、特徴となっている。

レオパレス21

6

ワンルームアパートを中心に全国各地で 55万6,000戸の管理実績を誇る

DATA

■社名
株式会社レオパレス21

■代表者
代表取締役社長　深山英世

■所在地
〒164-8622
東京都中野区本町2-54-11

■電話・ウェブサイト
TEL. 03-5350-0001
http://www.leopalace21.com/

■設立
1973年 8月

注目ポイント

1 全国149拠点の管理センター網を駆使し、メンテナンス対応、保険代行手続き、災害対応などのきめ細やかな現場対応が可能

2 数多くの賃貸管理ノウハウの全国共有・スタッフ教育の徹底による、顧客に満足してもらえる管理サービスの提供

3 管理センターに加え、同社の認定資格を有する全国の協力業者による強固なネットワークで万全の対応

取扱い物件の特徴

●北海道から沖縄県まで、全国津々浦々に賃貸物件を提供
●女性目線の空間設計、2つのロフトなど、仕様や設備が多彩

レオパレス21は、アパートの賃貸事業と建築請負事業をコア事業とし、「土地の有効活用」と「良質な住宅供給」という二つのテーマを同時に実現できる独自のビジネスモデルを展開している。タレント・広瀬すずを起用したテレビCMや、女子プロゴルファー・藤田光里、村田理沙の両選手を積極的に応援していることもあり、知名度は抜群だ。

同社の賃貸管理は、「オーナー様に『安心』を　入居者様には『快適』を」をモットーとする。ワンルームアパートを中心に、全国で管理実績は55万5923戸（2015年4月末現在）。多岐にわたる管理業務の総合的対応と、全国140以上の拠点で整備された万全体制で高い顧客満足度を誇る。

アパートを経営するオーナー、アパートを利用する入居者双方の満足度を高めるには、入居者への細やかな対応や、適切な建物のメンテナンス対応を確実に実行できる賃貸管理会社の存在が必要不可欠だ。

同社の賃貸管理は、全国55万戸を超えるアパート管理の実績から、多岐にわたる賃貸管理業務を、しっかりしたノウハウと手段により、顧客満足度の高い賃貸管理サービスとして提供をしている。

オーナーにとって、賃貸物件をめぐる悩みは深刻だ。入居募集の手間、契約・更新の煩わしさ、ゴミ問題、集金の手間、建物設備のメンテナンス対応、騒音トラブル、家賃滞納の心配、入居者間のトラブル、入退去時の手続きの手間、空室発生の心配、近隣住民とのトラブル、迷惑駐車などなど、問題は尽きない。しかし同社なら、こうした悩みに総合的に対応することができる。

災害時には被災地に対策本部を設置して安全管理で徹底対応

同社の注目すべき点は、災害対応にも力を入れていることだ。阪神大震災や東日本大震災、そして熊本地震など自然災害が身近なものとなっている日本では、災害被害への対応は欠かせない。同社の賃貸管理は、万全の対応が行えるよう、すべての部署が協力して被災地に災害対策本部を設置し、安全管理や建物被害状況確認などで徹底した対応体制をとっている。

安全管理では、①被災地居住の入居者全員の安全確認を実施、②オーナーの安全確認を実施し、建物の状況などを報告、③被災により居住が困難な入居者への代替部屋案内――など、状況に応じた対応を速やかに実行する。

建物被害状況確認では、①協力業者と連携をとり、建物の被害状況を迅速に把握、②大規模災害時には有資格者による建物点検を行い、被害の大小を診断、③各種保険手続き、修繕対応を実施し、通常の生活に1日も早く戻れるよう復旧など、状況に応じた緊急体制を構築している。

このほか、同社はスタッフ教育にも力を入れている。すべてのスタッフに対し、ビジネスマナーやコンプライアンスなどに関する基礎講習を実施している。

クラスト

7

事業計画から建築・管理までトータルで土地オーナーの資産形成をサポート

DATA

■社名
株式会社クラスト

■代表者
代表取締役社長　仁地一哲

■所在地
〒101-0041
東京都千代田区神田須田町2-2-2
神田須田町ビル3階

■電話・ウェブサイト
03-5297-7782
http://www.clast.co.jp

■設立
1975年

項目	評価
収益性	★★★★（4）
稼働率	★★★★（3.5）
管理・業務代行力	★★★★（3.5）
企画力	★★★★（4）
ファイナンシャルアレンジメント力	★★★★（3.5）
知名度	★★★★（4）

注目ポイント

1 首都圏・東海・阪神地区の広域ネットワーク

2 マンション建設と管理サービスで40年の実績

3 手間いらずで申し込める「無料土地診断」

取扱い物件の特徴

●鉄筋コンクリートの高品質マンション
●長期間競争力を維持するリフォーム

遊休地を持つ土地オーナーを40年の実績でサポート

88ページでも紹介した通り、クラストは首都圏、東海、近畿エリアで40年の実績を持つマンション建設、賃貸管理の一貫経営を行う会社である。遊休地を持つオーナー向けには、賃貸マンションを建設して入居から維持管理までをサポートする土地活用プランを推進している。

一般に50~300坪程度の土地を活用したい場合、選択肢は4つ。ひとつは売却、それから駐車場経営や土地賃貸、さらに一般定期借地や事業用定期借地、そしてアパート・マンション経営だ。

クラストはこの4つのプランのうち、アパート・マンション経営を強く勧めている。初期投資こそ一番高いが、収益性が最も高く、リスクがそれほど高くないからだ。そして土地や建物の固定資産税が安くなり、所得税も抑えられる。不動産取得税や相続税の面でも有利であるなどのメリットがある。

とはいうものの、どんな土地でも建物を建てれば入居者が付くわけではない。実際、金融機関や不動産業者の勧めでアパートやマンションを建築したものの、入居者が入らず家賃の値下げを続け、事業そのものが赤字になってしまうケースもある。

そういうケースを防ぐため、クラストでは「無料土地診断」の申し込みをWebサイトから受け付けている。

長期にわたって競争力を保つ「リノ・リフォーム」

クラストが多くの土地オーナーから選ばれている理由は、東名阪エリアで40年の実績を持ち、堅牢で魅力的な建物を建てる会社だから。

クラストは耐震・耐火性能を備えた高耐久の建物を自社で責任を持って建設しているが、それがオーナーの資産価値の維持と入居者の安心につながり、投資リスクを下げていくのだ。

賃貸物件の経営には、万全な管理体制が求められるが、契約後の入居管理や物件管理はクラストの得意とする業務である。クラストの専門スタッフがオーナーに代わって管理業務を責任を持って行ってくれるのだ。

そして、建物の美観と魅力を維持し、入居を促進するためにリフォームが必要と判断されると、随時アドバイスしてくれる。儲かる賃貸住宅のコツは、先手のリフォーム・リノベーションによって常に入居者ニーズを満足させることで、高入居率と安定した家賃水準を維持することにある。

クラストが提案している「リノ・リフォーム」は、現状維持を目的とする従来のリフォームとは違い、戦略的に賃貸住宅の競争力を保つもの。時代のニーズに合わせて部屋を進化させていくことにより、20年先、30年先でも新築のときと変わらない収益性を目指していく。しかも、一斉に全戸をリフォームするのではなく、空室ごとに施工するため、投資が分散できるというメリットがある。

生和コーポレーション

8

土地活用一筋45年、8万戸超の実績が満足できる資産運用を実現してくれる

DATA

■社名
生和コーポレーション株式会社

■代表者
代表取締役　黒田順一

■所在地
〒553-0033
大阪府大阪市福島区福島5-8-2
生和福島駅上ビル

■電話・ウェブサイト
06-6345-0661
https://www.seiwa-stss.jp

■設立
1971年4月16日

項目	評価
収益性	☆★★★★
稼働率	☆½★★★
管理・業務代行力	☆½★★★
企画力	☆★★★★
ファイナンシャルアレンジメント力	☆½★★★
知名度	☆½★★★

注目ポイント

1 土地活用45年で培ったさまざまなノウハウ

2 累計着工戸数8万戸超、入居率98%の実績

3 多様な敷地に対応できる多彩な企画商品

取扱い物件の特徴

●耐久性に優れた鉄筋コンクリート造
●マイナス50デシベルの遮音性能

専業会社ならではの土地活用を支えるサービス

生和コーポレーションは創業以来一貫して土地活用・賃貸マンション経営のトータルサポート、コンサルティングサービスを行ってきた企業である。その歴史は45年を超え、8万戸を超える着工戸数という実績となって記されている。

特徴は、専業会社であるため、企画から経営管理まで一貫したサポートが行えること。そして豊富な商品ラインナップを揃えてオーナーや入居者のさまざまなニーズに対応。その結果、高い入居率を維持し、関西、関東、東海、九州の各地区で事業を展開している。

生和コーポレーションの土地オーナーに対するサポートは主として2つ。1つめは相談から土地診断、事業計画、設計・施工、入居者募集、建物管理、経営サポート、アフターメンテナンスまでをパッケージにした「STSS」と呼ばれるトータルサービスシステムだ。

もうひとつは「FG35」という建物一括借り上げサービス。業界最長の35年間、家賃の90％を保証してくれる長期安定経営のためのサポートシステムだ。24時間、365日のプロによる入居者対応と、長期にわたる建物の無料点検もついてくる。35年の契約満了後も、希望すれば2年ごとに契約更新が可能だ。

これら2つのサポートが、土地活用による資産運用を可能にしてくれるのだ。

耐震、耐火、防音性能に優れた鉄筋コンクリート造の賃貸住宅

生和コーポレーションが建てる建築物は、鉄筋コンクリート造、鉄骨造、木質造と多彩である。鉄筋コンクリート造は耐久性に優れ、鉄骨造は強度と耐震性、ゆとりある空間設計が特徴で、木質造は高い居住性が利点となる。

賃貸マンションで同社が勧めているのは、高品質の鉄筋とコンクリートによって頑強に造り上げる鉄筋コンクリート造。入居者の安心とオーナーの資産価値を両立させるための、理想的な選択なのだ。その強靱さは、1995年の阪神・淡路大震災で証明済みで、同社施工の350戸のうち、全半壊はゼロだった。

火災に対する備えも万全で、鉄筋コンクリート造は鉄骨造、木質造にくらべて圧倒的に火災に強い。それに加えて、生和コーポレーションは壁や床を貫通するパイプに熱膨張材を組み込み、火災の際に貫通部を完全に遮断する仕組みを採用している。これで火や煙の広がりを防ぐのだ。

そして、同社の鉄筋コンクリート造は、マイナス50デシベルという驚異的な遮音性能を誇っている。壁の厚みを十分にとるほか、間仕切りに吸音材を組み込み、床材には防振ゴム付きの支持材を使っているからだ。

こうした工夫が、入居者の満足する賃貸住宅を生み、高い入居率を維持することにつながるのだ。優れたサポートと高品質の住宅。それが生和コーポレーションの強みなのである。

9

旭化成ホームズ

「ヘーベルハウス」で知られる住宅メーカーの土地活用トータルサービス

DATA

■社名
旭化成ホームズ株式会社

■代表者
代表取締役社長　川畑文俊

■所在地
〒160-8345
東京都新宿区西新宿1-24-1
エステック情報ビル

■電話・ウェブサイト
03-3344-7111
http://www.asahi-kasei.co.jp/j-koho/

■設立
1972年11月

注目ポイント

1　安定した賃貸経営が可能な「ヘーベルメゾン」

2　建築前から建築後まで一貫した経営サポート

3　入居者ニーズをとらえた高い付加価値

取扱い物件の特徴

●「ヘーベルハウス」譲りの高品質
●幅広く多彩な商品ラインナップ

高品質な集合住宅で賃貸住宅による土地活用を

旭化成ホームズは、グローバル企業である旭化成グループの住宅事業部門を担当する企業である。「へーベルハウス」で知られる戸建て住宅は耐久性に優れた高品質住宅の定評があるが、その技術を生かした集合住宅「へーベルメゾン」を賃貸住宅などに利用した土地活用プランを提案している。

「へーベル」とは、旭化成が開発した高性能建材のことで、軽量気泡コンクリート(ALC)の一種だ。軽量、高強度、耐火性、耐久性、寸法安定性、遮音性、断熱性、調湿性といった住宅建材に求められる機能を高水準で満たしている。

この性能が実証されたのが1995年の阪神・淡路大震災で、へーベルハウスは倒壊せずに残っただけでなく、防火壁の役割を果たして、延焼による被害を防いだのである。2011年の東日本大震災でも、津波に流されずに残った映像が一躍へーベルハウスの名を高めた。

住宅メーカーの印象が強い同社だが、土地活用のための賃貸住宅経営に関するサポートも充実している。無料の土地活用診断に始まり、土地資産を税務、法律、用途などさまざまな角度から検討・分析し、総合的な土地診断を実施。「賃貸住宅建築ありき」ではない複合的な土地の活用方法を検討し、長期にわたる視野で最善のプランを提案してくれる。

旭化成グループの技術力が長寿命と高性能を両立

へーベルメゾンの特徴は、高品質な住宅建材であるへーベルの長所を存分に生かした耐久性の高さと入居者にとっての快適性にある。地震や火事に強いだけでなく、騒音も防ぐ。へーベルは防音壁に使われるほど遮音性に優れているので、建物の外壁に使用すると、外からの騒音や室内の生活音を低減させる。

さらにへーベルメゾンでは、上階の音を階下に伝えないANRフロアを採用。集合住宅の悩みである天井からの騒音を遮断している。

そして旭化成が独自に開発したネオマフォームという高性能断熱材が、もともと断熱性能の高いへーベルと組み合わせることで快適な住環境を実現。コンクリート住宅にありがちな「底冷え」を防いでいる。断熱のネックである窓には、室外側にアルミ、室内側に樹脂を使用したアルミ樹脂複合断熱サッシを採用して、冬の結露などを防止する。

建物の経年変化で最も気になる外壁は、防水性能を長期間維持する外壁塗装が施される。ロングライフコートと呼ばれるこの塗装は、耐水・対汚・耐候性に優れたアクリルシリコン系塗料を3層にわたって入念に塗布するもので、塗り替え期間がなんと60年。メンテナンスコストの大幅な低減に寄与している。

へーベルメゾンの商品ラインナップは非常に多彩。立地条件や入居者ニーズ、オーナーの希望に合った商品がきっと見つかるはずだ。

住友林業

10

グループ総合力で将来を見据えた土地活用の提案と賃貸住宅経営をサポート

DATA

■社名
住友林業株式会社

■代表者
代表取締役会長　矢野　龍
代表取締役社長　市川　晃

■所在地
〒100-8270
東京都千代田区大手町1-3-2

■電話・ウェブサイト
TEL. 03-3214-2220
http://sfc.jp

■設立
1948年2月（創業1691年）

注目ポイント

1 注文住宅で培った信頼と実績で賃貸経営を成功へと導く。
入居者満足のオリジナルブランド「フォレストメゾン」

2 収益を上げ資産価値を拡げる自由設計。
先進のウォールフレーム構法で将来の間取り変更が容易に

3 グループ会社・住友林業レジデンシャルの「まるごとサポートシステム」で充実したサービス管理体制

取扱い物件の特徴

●木の家の賃貸住宅「フォレストメゾン」
●女性目線で考えたセキュリティ賃貸住宅

仮の住まいとは思えない入居者満足の賃貸住宅

住友林業のオリジナルブランド賃貸住宅「フォレストメゾン」は、これまでの賃貸住宅の考え方を大きく変えるグレードで高い評価を受けている。

それは、オーナーの「長く住んで欲しい」という思いと、入居者の「ここでずっと暮らしたい」という願いを叶えるために、同社ならではの木の良さを最大限に取り入れたことにある。

また、賃貸経営において、活用したい土地の形状や敷地に対する法規制に見合う設計プランの良し悪しが事業の収益性に大きく影響する。フォレストメゾンは、敷地の条件やオーナーの要望に見合う形で自由に設計することができ、収益性の高い賃貸経営が見込める。

さらに、30年先まで見据え、メンテナンスコストを軽減する外装素材や、入居者のニーズに合わせて間取りを容易に変更できる先進構法を採り入れるなど、オーナー・入居者双方を満足させる要素が数多く盛り込まれている。

そんな「フォレストメゾン」シリーズには、女性目線で考えたセキュリティ賃貸住宅「フォレストメゾン・コノカ」というものもある。

これからの賃貸経営は、暮らしの安全性を考える必要があり、特に女性向け賃貸住宅においては、セキュリティがしっかりしているかどうかが入居選びの重要なポイントとなっている。加えて、収納や水回りにも女性目線の便利アイテムが欠かせない。

セキュリティは、警備会社との連携によって24時間365日体制で見守るシステムを標準採用している。

将来を見据えた経営サポート体制

フォレストメゾンでは、引き渡し後の運営管理についても将来を見据え、総合力による経営サポート体制で全面的にバックアップする。

提供するのはグループ企業である住友林業レジデンシャルで、空室リスクの軽減や管理業務を代行する「30年一括借上げシステム」などさまざまなサポートシステムが用意されている。

また、建物メンテナンスにおいても、構造躯体と防水を20年保証する建物長期保障システムがある。これは、10年目の定期点検でメンテナンスが必要となり、同社の施工で有料工事を行った場合、保証をさらに10年分付与するものだ。

このように、賃貸住宅経営は何十年と長期にわたって建物や経営管理を的確に行わなくてはならない。長期安定経営を成功させるには、入居者ニーズに合わせた建物づくりと、入居者が安全快適に住むための運営管理が求められる。それを同社は企画・設計からロングサポートまでワンストップで行えるので、オーナーからの信頼は篤い。

ワンランク上の賃貸住宅とサポートがあれば、入居者に長く住んでもらえることが期待できるだろう。

COLUMN

不動産オーナー　これだけは知っておきたい❷

営業マンにとって「評判のよい大家さん」になると空室リスクを減らすことができる?!

「いい大家さん」が空室リスクを低くする

少子高齢化が進んでいる。人口が減少していくのは、賃貸アパートを所有する不動産投資家にとって好ましいことではない。物件は持ってはいるものの、肝心の「借り手」が少なくなるので、「空室リスク」が高くなる可能性があるからだ。

いわゆる「サラリーマン大家さん」のように、本業のかたわら不動産投資をしている人は、不動産会社に入居者募集を代行してもらっているケースが多いだろう。

不動産会社に勤務した経験のある人の話によると、このような時代を迎えて重要なことは「いい大家さん」になることで、それが空室リスクを低くすることにつながるのだという。

というのは、不動産会社の営業マンというのは、意外なことに業者間の横のつながりが強く、空室情報や入居希望者の情報をやり取りすることがあるというのだ。

なぜなら、不動産会社の営業マンにも当然ノルマはあるわけで、早く部屋を埋めて、成績を上げたいと考えるからだ。

そうした営業マン同士の交流の中では、当然「大家さんの評判」も話題になる。

評判のいい大家さんなら問題はないが、評判の悪い大家さんだと、その噂は営業マンに広がることになる。

評判のよい大家さんの物件なら、担当営業マンは優先的に入居者を斡旋するだろうし、横のつながりを利用して、他社の営業マンからも入居者を回してもらう……というようなことがあるのだという。

お互いに気持ちのよい関係を作る

では、評判のよい大家さん、評判の悪い大家さんとは、どういう大家さんのことをいうのか。

まず、評判の悪い大家さんの条件を挙げてみよう。

営業マンにとって評判の悪い大家さんとは、「すぐ怒る」「何かとクレームをつける」「常識的でない」「不動産の知識がない」など、要するに営業マンが「面倒だ！」と感じてしまうような人物だという。人情として頷ける話だ。

評判のよい大家さんは、その逆と考えればよい。

空室リスクを避けたい賃貸アパートのオーナーなら、入居者募集を代行してくれている不動産会社の営業マンに気持ちよく仕事をしてもらうような接し方を心がけることが重要というわけだ。

不動産物件のオーナーだからといって尊大になったりするのはもってのほか。堅実なアパート経営を目指すなら、営業マンに「あの人のためなら」と思われるような大家さんになることだ。

オーナーも不動産会社も持ちつ持たれつ、お互いに気持ちよい関係を作れることは、アパート経営の重要なノウハウといえそうだ。

Part 6

おススメ！
不動産投資会社ランキング
中古物件部門

使える資金に余裕がない…。あまり大きなローンは組みたくない…。
でも不動産投資にチャレンジして、生活にゆとりを持ちたい！
そんな人にピッタリなのが、中古物件取得による不動産投資だ。
準備可能な投資額で、どんな物件が入手可能か。
ここでは、資金計画と中古物件情報に強い不動産投資会社を紹介する！

★ランキング指標

収益性	物件の収益性の高さ
稼働率	物件の稼働率の高さ
企画力	人気物件を企画する力
ファイナンシャルアレンジメント力	金融機関との折衝力。金利・融資額・返済期間など、有利な条件で融資を引き出す力
管理・業務代行力	賃料集金代行・賃料滞納への対応・苦情対応などの業務代行サービス力
知名度	知名度の高さ

住友不動産販売

1

住友不動産グループの不動産仲介会社
豊富な情報から最適な物件を検索

DATA

■社名
住友不動産販売株式会社

■代表者
代表取締役社長　田中俊和

■所在地
〒163-0819
東京都新宿区西新宿2-4-1

■電話・ウェブサイト
03-3346-1021
https://www.stepon.co.jp

■設立
1975年3月1日

収益性
稼働率
企画力
ファイナンシャルアレンジメント力
管理・業務代行力
知名度

注目ポイント

1 購入した中古不動産の運営管理もお任せ

2 投資家を満足させる
キーワードを入れてサイトで探せる物件情報

3 物件を売却するときも安心して付き合える

サービスの特徴

●登録するとメールで情報が届く
●収益が見える「利回りランキング」

不動産売買仲介実績ナンバー1が裏付ける豊富な物件情報

住友不動産販売は、一戸建て、マンション、土地などすべての不動産の仲介を行う企業である。売る、買う、貸す、借りるといった住まいに関するあらゆる要望に応え、最適な解決方法を提供する仕事をしている。

その一分野として同社が手がけているのが、投資家向けの中古マンション販売。単一企業として不動産売買仲介実績ナンバー1の規模を生かし、大量の物件情報から投資家の希望に合った商品を見つけて提案してもらえる。

中古アパート、中古マンションで賃貸経営を考えるなら、まずは同社のWebサイトを見てみよう。トップページから「投資用不動産」のバナーをクリックすると、投資用不動産の物件検索ページが表示される。「クイック物件検索」で「種別」「地域」「価格」「利回り」の各項目を選んで「検索する」のボタンをクリックすれば、条件に合致する物件の情報がずらりと出てくる。

「投資用物件を探す」を使うなら、首都圏、関西、北海道、東北、東海、中国、九州のエリアを選び、さらに都道府県、地域、沿線・駅、地図から絞り込んで物件を探せる。

ほかに「種別から探す」「地図から探す」「キーワードから探す」などの検索方法も用意されている。

投資家のニーズをきめ細かく満足させる検索ページ

そして特筆すべきは「物件特集」である。ここには「利回り10％以上の物件特集」「築5年以内投資用物件特集」「満室賃貸中物件特集」「投資用ワンルームマンション特集」「一棟マンション・一棟アパート特集」「売りビル特集」といった、不動産投資を目指す人なら必ず興味を引くキーワードが並んでいる。

たとえば今、この原稿を制作中の時点で「利回り10％以上の物件情報」を見てみることにしよう。地域を「東京都」に絞ると、北区に1件、板橋区に1件、江戸川区に1件、足立区に1件、世田谷区に1件、杉並区に3件、練馬区に1件、清瀬市に1件、立川市に1件、瑞穂町に1件、八王子市に1件、東村山市に2件、日野市に2件、武蔵野市に1件ヒットがあった。

試しに北区の物件を見てみると、土地面積92・56平方メートル、3階建てのアパートが表示された。1階は1K、2、3階は3Kの3世帯用中古アパートである。鉄骨造で築44年の物件だ。最寄り駅からの距離は徒歩15分。借地権付き物件なので価格は2480万円。想定利回りは15・9％となっているから、現金で購入したなら4年で元が取れる計算だ。

このように、物件情報を検索して気になる情報がヒットしたら、そのページから資料請求や問い合わせ、見学予約ができる。気が短い人は、そこに表示されているフリーダイヤルで電話すれば、すぐに行動に移れる。

野村不動産アーバンネット

2

野村不動産グループの不動産仲介会社
専用の不動産投資サイトで情報提供

DATA

■社名
野村不動産アーバンネット株式会社

■代表者
代表取締役社長　前田研一

■所在地
〒163-0576
東京都新宿区西新宿1-26-2
新宿野村ビル

■電話・ウェブサイト
03-3345-7778
https://www.nomura-un.co.jp

■設立
2000年11月6日

注目ポイント

1 専用の不動産投資サイト「ノムコム・プロ」

2 オーナーが興味を持った項目を選ぶだけの「ワンクリック検索」や「注目の収益物件情報」など充実情報を提供

3 PCでもスマホでも閲覧できる豊富なサービスメニューで投資をサポート

サービスの特徴

- ●スマホでも投資物件を検索できる
- ●メルマガでさまざまな事例を紹介

使いやすく情報が豊富なサイト「ノムコム・プロ」

野村不動産アーバンネットは、野村不動産ホールディングス傘下の不動産流通会社。野村不動産から流通部門を分社化して誕生した。

同社の不動産投資向けサービスは、「ノムコム・プロ」という専用サイトに集約されている。ここに、不動産物件を取得して不動産投資を行うためのあらゆる情報が集められているのだ。

最も目を引くのは、左カラムの「ワンクリック検索」。区分所有マンション、一棟マンション、売りアパート、一棟売りビル、投資用戸建て、店舗・事務所、工場・倉庫、ホテル・旅館、寮・社宅、その他建物、土地(収益用用地)の選択肢から、興味のある項目を選ぶようになっている。

それぞれの項目には該当件数が表示されているので、クリックする前にその項目の物件がいくつあるのかがわかって便利だ。

たとえば「売りアパート」には「〜3000万円」「3000万円〜5000万円」「5000万円〜1億円」「1億円〜」のサブ選択肢があり、それぞれに件数が表示されている。原稿執筆時に最も件数が多かったのは「5000万円〜1億円」で、203件あった。

興味のある項目をクリックすれば、先に進める。

かゆいところに手が届く物件情報検索ページ

便利な検索方法は「ワンクリック検索」だけではない。他社にもあるような「種別」「エリア」「価格の上限と下限」「利回り」「新着」「フリーワード」で検索するウインドウは当然用意されているし、「注目の収益物件情報」というお勧め情報もある。

特筆すべきは「利回り10%以上の物件」「築5年以内の物件」「3億円以上の物件」という特別に用意されたボタンだ。投資家が喜びそうな選択肢をはじめから用意したものといえる。そこで「利回り10%以上の物件」をクリックすると、その先は「価格帯別」「エリア別」「種類別」に細かく分かれる。興味深いのは、その下に「利回り10%以上でさらに築浅の物件はこちら」というボタンがあることだ。ついクリックしてみたくなる。

試しにクリックしてみたところ、ひとつの情報として東京都内の一棟アパートがヒットした。ワンルーム6戸、木造3階建て、築9年の物件である。2028年までの借地権がついて、価格は4000万円。想定家賃は年間447万6000円なので、想定利回りは11・1%。

このように自宅で机に向かっているだけで望みの条件の物件が探せるというのは画期的なことだ。会員登録しておけば、希望条件に合致した物件や会員限定の情報が一覧表示でき、PCでもスマホでも閲覧できる。具体的な計画がなくても、会員登録だけ済ませておけば、メールで情報が送られてくる。

三井不動産リアルティ

3

「三井のリハウス」で知られる
不動産流通のリーディングカンパニー

DATA

■社名
三井不動産リアルティ株式会社

■代表者
代表取締役社長　山代裕彦

■所在地
〒100-6019
東京都千代田区霞が関3-2-5
霞が関ビルディング9階

■電話・ウェブサイト
03-6758-4060
https://www.mf-realty.jp

■設立
1969年7月15日

注目ポイント

1 Webサイトでのサポートのほか
フリーダイヤルによる対人相談など、サポートが充実

2 不動産売買をサポートする「リアルプラン」と
人気の物件がわかる「閲覧数ランキング」

3 会員制情報サービス「不動産投資ファイル」

サービスの特徴

- ●不動産投資の知識をサイトで紹介
- ●随時行われる不動産セミナー

三井不動産グループで不動産流通部門を担当

三井不動産リアルティは三井不動産の分譲する各種不動産の販売代理店として1969年に設立された。後に三井不動産の個人向け仲介業務を移管し、不動産流通業者となる。早くからフランチャイズシステムを導入し、積極的に全国展開。「三井のリハウス」は知名度抜群の商標として日本中に浸透している。

同社が提供する投資家向けサービスは、「不動産資産コンサルティング」としてまとめられている。不動産投資と相続対策が対象のきめ細かく総合的な不動産投資サポートだ。同社が保有する豊富なノウハウと最新のデータを背景に、物件選びから運営管理までを三井不動産グループがサポートしてくれる。

コンサルティングを依頼すると、まず投資家の判断基準を確認し、投資プランを提案。そして具体的な投資物件の紹介、投資分析やマーケット分析、物件診断へと進む。そしてオーナーが物件を購入すると決断したら、物件取得のサポート、物件管理業務代行システムの提案と続く。

すでに資産として不動産を保有しているオーナーに対しては、所有不動産の価値を多角的な側面からとらえ、収益性、流通性、相続税納税上の価値の3点について「資産ドック」という名前のポートフォリオを作成してくれるサービスも用意されている。

人間によるコンサルティングとWebサイトの両面サポート

他の大手不動産流通会社と同様に、三井不動産リアルティでも手の込んだWebサイトを用意して、投資家が投資物件を簡単に探せるようにしている。

親切なのは、ただサイトで物件情報を検索するだけでなく、必要に応じていつでも相談をできるようにしてあることだ。「ご相談」というページへのリンクがあちこちから張られていて、そのページに移動すると、個人、法人別に電話番号が赤字で表記されている。個人向けの相談窓口は、フリーダイヤルだ。

電話するまでもないと思う人向けには、「購入のご相談」「売却のご相談」「その他のご相談」のボタンが用意されている。それぞれ丁寧に作り込まれた記入フォームがあり、簡単な答えを書き込んだり、選択肢にチェックするだけで、具体的な問い合わせができるように工夫されている。

物件検索のやり方は、対象物件が投資用であるか業務用であるかにチェックを入れ、新着情報のみを希望するかどうかを同じくチェック。エリア、物件種別を選択したら、価格の下限と上限を選択する。最後に希望利回りを入れれば、あとは検索ボタンをクリックするだけだ。

試しに東京都23区内の一棟アパートで、利回りが5％以上の物件を検索してみた。すると8件の情報がヒット。価格は5000万円台から1億5000万円台までとさまざまだが、有望な投資物件がずらりと出てきた。

東急リバブル

4

投資家の多様な不動産ニーズに応える
東急グループの不動産流通会社

DATA

■社名
東急リバブル株式会社

■代表者
代表取締役社長　榊真二

■所在地
〒150-0043
東京都渋谷区道玄坂1-9-5

■電話・ウェブサイト
03-3463-3711
http://www.livable.co.jp

■設立
1972年3月10日

注目ポイント

1 大手不動産企業による売買仲介のパイオニア

2 先進的、個性的なサービス事業を提案

3 グループの力を生かした質の高いサービス

サービスの特徴

●利回りランキングを一覧で紹介
●海外不動産の情報も提供

東急グループの一角をなす総合不動産流通企業

東急リバブルは東急不動産ホールディングスの完全子会社で、東急不動産グループの不動産流通会社である。1972年に「エリアサービス」という名前で誕生し、1978年に「東急不動産地域サービス」、1988年に現在の「東急リバブル」に社名変更した。総売上高2兆2000億円、グループ社数220社の東急グループの一角を占める企業として、グローバルに事業展開を図る総合不動産流通企業として成長を続けている。

他の大手不動産流通会社と同じく、事業内容は売買仲介、賃貸仲介、不動産販売、新築販売受託、不動産ソリューションなどから構成されており、不動産ソリューションでは投資用・事業用不動産市場における投資家の不動産戦略を手厚くサポートしている。

具体的には、投資用・事業用不動産の売買仲介、不動産売却・購入のアドバイザリー業務、東急リバブルによる不動産購入、出資、調査・査定、アセットマネジメントなどのサービスがあり、北海道から沖縄まで、日本全国の不動産を取り扱う。

入口となる投資家向けサイトのトップページは、やはり他社と同様に投資物件の検索窓が大きく目立つ。新着物件の情報がメールで届くサービスや、新着物件の写真入り表示も同様である。

「相場観」を知るために便利なアクセス数、利回り順位の一覧

ユニークなのは投資家向けサイトのトップページ下にある「投資物件利回りランキング」。「マンション区分」「マンション一棟」「アパート」「ビル一棟」「店舗・事務所」「その他建物」に分類されている中で、閲覧時点での予定利回りが高い順に並んでいる。

記事執筆時点でのランキングトップは、マンション区分所有が千葉の物件で価格340万円、利回り17・64％、マンション一棟が大阪の物件で価格1億1800万円、利回り13・46％、アパートが群馬の物件で価格1480万円、利回り21・10％、ビル一棟が東京都の物件で価格2億3600万円、利回り14・40％、店舗・事務所が大阪の物件で価格1980万円、利回り17・34％、その他建物が東京の一戸建貸家で価格890万円、利回り16・17％となっていた。

その下には「アクセスランキング」と「利回りランキング」の一覧表示ボタンがあり、これをクリックすると分類に関係なくアクセス数と利回りで順位を付けられた物件情報の一覧が表示される。今どんな物件が注目されているのか、今の利回り相場はどんな感じかを知るために便利な情報だ。

ちなみに、記事執筆時点でのアクセストップは、横浜市の区分マンションの情報だった。価格は1900万円、利回りは7・57％で、動画による情報がついていることがアクセス数を稼いだのだと思われる。

大成有楽不動産

5

大成サービスと有楽土地が合併して誕生した不動産ソリューション企業

DATA

■社名
大成有楽不動産株式会社

■代表者
代表取締役社長　浜中弘之

■所在地
〒104-8330
東京都中央区京橋3-13-1有楽ビル

■電話・ウェブサイト
03-3567-9411
https://www.taisei-yuraku.co.jp

■設立
1971年10月1日

項目	評価
収益性	★★★★☆
稼働率	★★★★☆
企画力	★★★★☆
ファイナンシャルアレンジメント力	★★★★☆
管理・業務代行力	★★★★☆
知名度	★★★★☆

注目ポイント

1 あらゆる不動産のニーズをワンストップ解決

2 首都圏の投資用不動産物件情報を提供

3 投資・事業用不動産の情報をWebサイトで提供

サービスの特徴

●賃貸管理もしっかりサポート

●オーナーチェンジ物件に強い

気軽に質問や相談ができるサイト上の「相談窓口」

大成有楽不動産は、大成建設グループの不動産事業を担当する有楽土地と、同じく大成建設グループの施設管理事業を担う大成サービスが2012年に合併して誕生した会社。大成建設グループのノウハウと技術力を背景としながら、不動産事業と施設管理事業を展開している。

同社の不動産投資向けサービスは、不動産取引から賃貸管理サービスまでをサポート。不動産売買専用サイト「ietan（イエタン）」の中に設けられた「投資用不動産の購入」のコーナーで最適な投資用不動産物件が検索できるほか、賃貸経営の相談窓口も用意されている。

賃貸経営の相談窓口はとてもシンプルで、相談の種類として「資料がほしい」「相談をしたい」のどちらかにチェックを入れ、相談内容を簡単に記入し、あとは名前と電話番号、メールアドレスを記すだけ。希望者は住所を書いたり、マイページ登録を申し込んだりすることもできる。気軽に質問したいときなど、いろいろな個人情報を求められると、それだけで気が滅入ってしまい、送信せずに画面を閉じてしまいがちだが、これなら安心して相談できる。

同社からの連絡方法も「電話」「メール」「郵便」の中から指定できるので、いきなり訪問されたり、何度も電話されたりすることはない。

「オーナーチェンジ物件」だけが探せる物件検索ページ

投資用不動産の検索は、「マンション区分」「マンション一棟」「アパート一棟」「ビル一棟」「店舗・事務所」「一戸建て・倉庫・土地・その他」から希望の項目を選んで検索するほか、「新着の投資用不動産物件」としてページ下部にまとめられている情報を見ることもできる。

それぞれの項目を選ぶと、対象情報の件数が表示され、ずらりと情報が並ぶ。そのまま閲覧してもよいが、「並べ替え」で「価格が高い順」「価格が安い順」「住所」「沿線・駅」「面積が広い順」「築年が新しい順」を選んで情報を並べ替えることもできる。

個々の情報にはチェック欄が設けてあり、気になった情報にチェックを入れておくと、まとめて問い合わせをしたり、「お気に入り」に登録したりすることが可能だ。

大成有楽不動産の情報検索ページでユニークなのは、「オーナーチェンジ物件」だけを閲覧するボタンがある点。オーナーチェンジ物件とは、すでに賃貸入居者がいる物件の所有者だけが変わるもので、立地の検証や入居者審査の必要がなく、購入してすぐに不動産収入を得ることができる。

その半面、入居中の室内の確認ができないことや、現入居者の条件変更ができないなどのデメリットもある。したがって見えない部分のリスクが存在するが、大成有楽不動産はそれらを適確にアドバイスしてくれるので、安心だ。

住友林業ホームサービス

6

**住友林業を母体とする
不動産のトータルサービス会社**

DATA

■社名
住友林業ホームサービス株式会社

■代表者
代表取締役　櫻井清史

■所在地
〒160-0023
東京都新宿区西新宿3-2-11
新宿三井ビルディング二号館 11階

■電話・ウェブサイト
TEL. 03-5381-7921
https://www.sumirin-hs.co.jp

■設立
1973年 8月

注目ポイント

1 国土の900分の1を持つ住友林業が母体

2 「お客様第一主義」を貫くサービス精神

3 首都圏・中部・関西に広がる店舗網

サービスの特徴

- ●大手ならではの安心・確実なサポート
- ●すべての課題をワンストップ解決

国土の900分の1を持つ住友林業が母体の不動産会社

住友林業は、日本国土の約900分の1におよぶ広大な社有林を有し、山林経営から木材建材の製造・流通、住宅供給までを一貫して手がける巨大企業である。その住友林業を母体として1964年に生まれたのが、住友林業ホームサービスだ。同じ「住友」の名前が付いていても、住友不動産販売とは別の道を行く不動産のトータルサービス会社として独特の存在感を見せている。

企業理念は「お客様第一主義」。顧客満足に徹した高品質の商品・サービスを提供するとともに、お客様の生涯のパートナーを目指すことを行動指針としている。この「お客様第一主義」は、単なる顧客のイエスマンではなく、「お客様のためにノーと言う」ことだ。

営業網は首都圏、中部、関西に広がり、大手ならではのワンストップサービスを実現している。不動産投資に関するサービスも充実しており、幅広い情報をタイムリーに提供するほか、ハウスドクターやエリア担当者のような各分野の専門家が不動産投資を考えているお客様のあらゆる疑問、質問、悩みに答えてくれる。

相談のスタートは、サイト画面のフォームに必要事項を記入して送信ボタンをクリックするだけ。連絡方法も「電話」「FAX」「メール」から選ぶことができるのも魅力だ。

条件検索の結果で「検討リスト」が作れる「マイページ」機能

住友林業ホームサービスの不動産情報は、同社のデータサイト「すみなび」に集約されている。ただし、収益・事業用不動産の情報は一般向け情報とは分けられていて、情報が混在することはない。サイトから収益物件の情報を探すには、まず「すみなび」のトップ画面から「収益・事業用不動産」のタブをクリックして専用画面に入る。すると右上に「買いたい」というボタン、中央に新着不動産の情報、下部に不動産コンサルティングのメニューが並ぶ。

「買いたい」をクリックすると、「区分マンション」「1棟マンション」「1棟アパート」「詳細検索」のボタンが現れる。「詳細検索」は「関東」「東海」「近畿」「福岡」からエリアを選び、次に物件の種目を選ぶ。最後に満室時想定利回りを選んで検索するというステップで情報を探すようになっている。

試しに「関東全域」「1棟アパート」「利回り5%以上」の条件で検索をかけたところ、記事執筆時点で6件の物件がヒットした。ここで表示された情報は、並べ替えたり、さらに絞り込んだり、マイページに登録して検討リストを作ったりすることができる。

マイページを使うためには最初に登録が必要だが、これがあれば比較検討のための自分だけの情報ファイルが作れるので、ぜひ設定しておきたい。検討リストにある物件は、まとめて資料請求をすることも可能だ。

7

三菱地所リアルエステートグループ

三菱地所グループで法人不動産サービス事業を担当する不動産会社

DATA

■社名
三菱地所リアルエステートサービス株式会社

■代表者
代表取締役社長　田島　穣

■所在地
〒100-8113
東京都千代田区大手町2-2-1
新大手町ビル

■電話・ウェブサイト
03-3510-8011
http://www.mecyes.co.jp/

■設立
1972年12月20日

注目ポイント

1. 三菱グループの中核の三菱地所が母体
2. 不動産の価値最大化と最適活用に貢献
3. 豊富なユーザー事例をサイトで紹介

サービスの特徴

●「Value Bridge」をブランドに掲げる
●最適最善のコンサルティングを提供

日本の不動産業界の雄である三菱地所が母体の事業会社

　三菱地所リアルエステートサービスは、東京駅周辺や横浜みなとみらい地区の大地主として知られる三菱地所を母体とする不動産サービス事業会社。1972年に三菱地所の住宅販売部門を担当するための子会社として発足し、1975年には不動産仲介事業を開始、1980年には不動産流通部門を開設した。

　そして法人向けの事業が増加したため、2011年に個人向けの住宅営業部門を「三菱地所レジデンス」として分社化、法人およびエンドユーザー向けの不動産仲介・コンサルティング事業を主軸に、オフィス賃貸、不動産鑑定評価、パーキング事業などの業務を行っている。

　同社のキャッチフレーズは「バリュー・ブリッジ」。お客様に寄り添ったコンサルティングと課題解決に直結するソリューションの提供を通じて、確かな未来への架け橋をしっかりと築いていこうという意思を言語化したものだ。

　不動産投資・資産運用のサービスは、同社のホームページにあるメニューから見ることができる。最初に「不動産投資・資産運用について」というページがあり、「取扱い事例一覧」に続いて「事業用・投資用売買物件検索」のページが設けられている。他社のようにいきなり物件検索のページが出てこないのが、同社の姿勢を物語っている。

読み進めば信頼感が湧いてくる不動産投資のためのサイト

「不動産投資・資産運用サポート業務」を紹介するページでは、同社のサービスポイントを4つに分けて説明している。一つめは、投資物件の購入からアフターケアまでをワンストップでサポートすること。二つめは的確な現状把握にもとづいて保有不動産の運用をオーダーメイドでアドバイスすること。三つめは三菱地所グループとして培った豊富なノウハウと幅広いネットワーク。そして最後は社内に「不動産証券化協会認定マスター」の有資格者が89名いること。これにより、専門性の高い不動産信託受益権売買に対応できるとしている。

　次の「不動産サービスに関する事例」は同社ならではのコンテンツ。多岐にわたるユーザーの課題を解決した事例が、非常に具体的に掲載されている。これを読み進めば、同社に対する信頼感が湧いてくるはずだ。

　そして「事業用・投資用不動産物件検索」のページは、まず「事業用」と「投資用」のボタンでどちらかを選ぶようになっている。「投資用」を選ぶと、「クイックサーチ」と「検索」のどちらかで望みの物件情報が検索できる。

「クイックサーチ」は、不動産の種類と価格だけで検索するもので、急いでいるときは手っ取り早い。「検索」は種類、対象地域、価格の上限と下限、築年数、想定利回りを入力して検索する。希望が具体的に決まっているときは、こちらを使うほうが便利だ。

8

住建ハウジング

東京の都心部にこだわった営業活動
ドローンや動画による情報も提供

DATA

■社名
株式会社住建ハウジング

■代表者
代表取締役社長　野村和弘

■所在地
〒151-0065
東京都渋谷区大山町18-6

■電話・ウェブサイト
03-3467-2111
http://www.juken-net.com

■設立
1977年4月30日

注目ポイント

1 東京都心にこだわって事業展開

2 TVスタジオを持ち動画情報を発信

3 ドローンによる物件空撮情報

サービスの特徴

●「住建マン十則」でいつも社会貢献
●先進のインターネット技術で情報提供

インターネットやTVによる情報提供で差別化を図る

住建ハウジングは1977年に東京都中野区でスタートした不動産会社。当初は都内一戸建て住宅を中心とした仲介業をメインにしていたが、社業の拡大とともに地方で分譲・事業用マンションの販売も手がけるようになる。現在は戸建ての仲介と売買、分譲住宅・事業用物件の建設及び販売・管理を行っている。

現在の活動エリアは都心・城南・城西地区をメインとした東京都内全域で、「住むなら都心」というニーズにフォーカスした「都心に一戸建てを」をテーマにビジネスフィールドを確保している。

特筆すべきことは、専用のTVスタジオを所有していることだ。「Rits＝(Rainbow Information Technology Studio)」と呼ばれるこのスタジオから、動画による不動産情報を発信するだけでなく、BS放送で「東京住まいナビ・住まなび」という住宅情報番組も放映している。

また、2000年にネット事業部を立ち上げ、本格的ホームページによるPR活動を開始していることでもわかるように、インターネットによる情報発信も得意。さらにはドローンによる物件の空撮動画も提供しており、情報発信力は不動産業界でも群を抜いている。多角的情報提供サイトの「TOKYO@14区」も、ぜひお勧めしたいサイトだ。不動産投資のわかりやすい情報もある。

工夫された見やすいサイトで投資用物件が検索できる

住建ハウジングの不動産投資家向け情報には、ホームページ上に設けられた「事業用」のタブから入ることができる。その先は「エリアで探す」「沿線で探す」「本日のお勧め物件」「今週のお勧め物件」と分かれており、とてもわかりやすい。

たとえば「エリアで探す」を選ぶと、世田谷区、目黒区、品川区、大田区、渋谷区、港区、文京区、新宿区、豊島区、中野区、杉並区、千代田区、中央区、武蔵野市、その他のボタンが縦にずらりと並び、横軸には価格帯が表示される。「〜7000万円」「〜1億円」「〜2億円」「2億円〜」の区分だ。

そして、その縦横が交差するところには、該当物件の数が表示されている。この記事を執筆した時点では、港区の2億円超と、新宿区の7000万円以下がともに65件と最多で、以下、大田区の2億円以下が63件、世田谷区の2億円以下が62件、世田谷区の2億円超が60件と続いていた。情報を絞り込む前に該当物件数が一覧表示されるのはとてもわかりやすく、親切だ。

「お勧め物件」のページでは、物件の種類、所在地、価格、利回り、交通の便、面積が写真とともに一覧形式で並ぶ。ただし、一部の情報は「会員限定」として隠されているので、すべてを見るためには会員登録が必要。といっても専用フォームに必要事項を記入するだけで、すぐ会員になれる。

三井住友トラスト不動産

9

三井住友信託銀行を母体とする会社
信託銀行系なので資産活用に強い

DATA

■社名
三井住友トラスト不動産株式会社

■代表者
取締役社長　四十宮浩二

■所在地
〒101-0054
東京都千代田区神田錦町3-11-1
NMF竹橋ビル

■電話・ウェブサイト
03-6870-3310
http://smtrc.jp

■設立
1986年1月24日

注目ポイント

1 不動産売買と有効活用に強みを持つ

2 母体の信託銀行と連携したサービス

3 グループの総合力でニーズに応える

サービスの特徴

- ●総合力を生かしたコンサルティング
- ●見やすく中身の濃い「お役立ち情報」

非常に充実しているサイト上の不動産投資関連情報

三井住友トラスト不動産は、三井住友信託銀行グループの不動産会社である。住友信託銀行の子会社であったすみしん不動産と、中央信託銀行の子会社であった中信住宅販売、三井信託銀行の子会社であった三信住宅販売が合併して、現在の姿になった。

事業内容は不動産の売買・交換の仲介と、それに附帯・関連するコンサルティング業務で、信託銀行を母体に持つために不動産の売買情報と不動産の有効活用にノウハウがあり、母体の信託銀行との連携により、ローンなどの相談がスムーズに進むという利点がある。

営業エリアは首都圏、東海、近畿、九州で、首都圏には東京の23店舗をはじめとして39の店舗がある。サイト上の「店舗のご案内」のページには、各店舗のスタッフが投稿したブログの見出しが表示されていて、興味のあるものを読むことができる。

そのほか、専門家が執筆しているQ&Aやアドバイスコラムも豊富に掲載されているので、不動産投資に関係する知識を得たいなら、ぜひ覗いておきたい。たとえば「不動産投資用語集」には、膨大な項目が収録されており、キーワード検索もできるので辞書代わりに使える。ちょっと耳慣れない言葉を目にしたときなど、覚えておいて活用したい。

検索サイトは未会員でも使える使いこなすなら会員登録が必要

投資・事業用の専用ページは、「投資・事業用」のタブから入れる。「ご相談・お問い合わせ」の赤くて大きなボタンの下には物件検索のスペースがあり、種類別に情報の件数が表示されている。

たとえば、記事執筆時は「アパート（1棟）」の件数が232と表示されていた。そこをクリックすると、すぐに情報がずらりと出てくる。内容は、名称、価格、想定利回り、所在地、交通、面積、築年月、それに写真と図面である。

それぞれの情報にはチェックを入れることができ、一括して資料請求したり、検討中リストに追加したりすることが可能。5件までの情報を比較表示することもできる。

未会員でも検討中リストを利用することはできるが、12件までという制限がある。それを超えて使いたいなら、無料の会員登録をすればよい。

物件情報を下までスクロールすると、「ご希望の物件が見つからなくてもあきらめないで」という表示が出てくる。これは地域に精通した担当者に物件を探してもらうための相談をうながすもので、相談は無料だ。

さて、さきほどの物件情報だが、それぞれに「詳細を表示」というボタンがついている。ここをクリックすると、その物件についての詳細な情報が表にまとめられて表示される。地目や用途地域、土地権利、建蔽率に容積率、都市計画などがすぐわかる。

三菱UFJ不動産販売

10

MUFGの総合不動産流通会社
母体と一体で不動産ビジネスを推進

DATA

■社名
三菱UFJ不動産販売株式会社

■代表者
取締役社長　竹内伸行

■所在地
〒101-0051
東京都千代田区神田神保町2-1
岩波神保町ビル

■電話・ウェブサイト
03-3237-3775
https://www.sumai1.com

■設立
1988年6月14日

注目ポイント

1 不動産ニーズに合わせたコンサルティング

2 母体の信託銀行と連携したサービス

3 店舗でもネットでも「一番」を目指す

サービスの特徴

●イメージキャラクターはピーターラビット
●不動産投資を事業の柱として注力

「一番に選ばれる会社」になるためにサービスの質を向上

三菱ＵＦＪ不動産販売は、三菱ＵＦＪフィナンシャルグループ（ＭＵＦＧ）の中核となる総合不動産流通会社である。母体は三菱ＵＦＪ信託銀行で、同行は三井住友信託銀行に次ぐ国内2位の規模をもつ。母体の信託銀行と同様に、三菱信託銀行系、日本信託銀行系、東洋信託銀行系の3つの不動産会社が合体したものである。

事業内容は不動産の売買・交換の媒介と代理およびそれに附帯関連する業務と、不動産を主たる信託財産とする信託受益権の売買の媒介である。事業所は首都圏と中京、関西に展開している。

不動産売買の媒介事業では、一般顧客向けの住宅仲介と法人向けの事業用不動産仲介が2本の柱となり、投資用不動産売買の仲介は後者に属する。不動産の積極活用や資産経営の効率化をグループの総合力でサポートしてくれることが強みだ。

経営姿勢は、「一番に選ばれる会社」を目指すこと。店舗営業でも、ネットでも、お客様に最初に選ばれ、信頼される会社になることを目標としている。そのために、スタッフの社内研修制度を充実したり、常に新鮮な情報を提供するようにサービスの品質向上に努めている。ネットでは、物件検索にとどまらない機能を多数掲載している。

投資用物件の検索・調査はネットだけでも完結できる

不動産投資用の物件情報は、「買う」のコーナーに設けられている「投資用物件」のボタンからスタートする。隣には「事業用物件」のボタンもある。クリックすると検索画面が現れるので、ここで該当する条件にチェックを入れて検索ボタンをクリックすれば、望みの情報が出てくる仕組みだ。

チェックを入れる条件は、まず物件種別として「区分マンション」「1棟マンション」「1棟アパート」「1棟ビル」「投資用一戸建て」「店舗・事務所」「店舗付き住宅」「その他投資用物件」がある。

続いてエリア選択は「全国」「東京23区」「東京都市部」「神奈川県」「千葉県」「埼玉県」「茨城県」「名古屋」「関西」から選ぶようになっている。

そして価格は「下限」と「上限」をプルダウンメニューから選択する。「なし」も選べる。

最後が利回りで「指定なし」「5％以上」「6％以上」「7％以上」「8％以上」「9％以上」「10％以上」が選べる。

その他、「キーワードから探す」と「詳しい条件で検索」という方法もあり、検索に関しては必要十分な要素を備えている。

検索画面の右側には、「購入相談」「無料査定」「無料相談」の申し込みボタンが並び、その下には「周辺相場検索」「購入検討者検索」といった物件の周辺情報を探るためのコーナーもあり、ネットだけでもかなりのことができる。

購入から５年間の平均物件価格下落幅がわずか18万円！

価値の変わらない建売住宅を提供 オーナー注目のハウスメーカー レイナハウス

築後の価値の変わらない、レイナハウスの建売住宅

一般的に木造住宅の価格は、新築時を一〇〇とした場合、築一〇年でその価格は四五、つまり半分程度になるといわれている。

そんな中で、中古住宅になっても、その価格が新築時とあまり変わらない住宅が注目されている。

それは、横浜市と川崎市を中心に一戸建て建売住宅を販売するハウスメーカーの株式会社レイナハウスが手掛けた一戸建て住宅だ。

レイナハウスが販売した物件が、中古住宅として売りに出された際の価格を調査したところ、平均的な物件価格の下落幅がわずか一八万円、中古住宅になっても価値が下がらないのだという。

一例を挙げれば、横浜市磯子区で新築時二六八〇万円→築四年四か月で二五九〇万円（九〇万円下落）、横浜市神奈川区で三八八〇万円→築四年六か月で三七五〇万円（一三〇万円下落）。それだけではない、横浜市神奈川区で新築時価格三四〇〇万円の物件が、築一一年五か月たった時点で三六六〇万円と、二六〇万円上昇したケースもあるというのだ。

中古住宅でも価値が上がった理由はオンリーワンのデザイン

なぜ、レイナハウスが手掛ける建売住宅は中古になっても、高値がつくのか。

その背景には、レイナハウスの建売住宅へのこだわりがある。

一般的な建売住宅は間取りを重視するため４ＬＤＫが多くなるが、レイナハウスでは広い玄関ホールやオープン階段、四メートル

を超える天井高のリビングなど、空間重視の家づくりをしており、建売住宅ながら、神奈川県内の相場よりも二〇〇万～三〇〇万円程度高い価格で販売している。複数棟を建てる場合でも、それぞれ異なる仕様にする「オンリーワンの家づくり」をしているのだ。

ほかにも防音室付き住宅、大型アイランドキッチン付き住宅、ガレージハウスなど、いわゆるコンセプト住宅も手掛けている。

販売後も定期的な点検サービスを行うなど、アフターフォローにも力を入れている。

こうした企画性の高い住宅、アフターフォローが、中古住宅でも特徴的なマイホームで生活したいと考えている人たちから注目され、その人気が結果的にレイナハウスの販売価格に反映されていると考えられる。

建売住宅ながら、万人受けする一般的なものではなく、特徴的な住宅を求める顧客を想定し、デザインを取り入れた住宅。このため新築時の販売価格は神奈川県内の相場より高いものの、レイナハウスを指名する住宅購入者が増え、新築物件もすぐに完売する状態が続いているという。

レイナハウスが販売している建売住宅は、現在およそ年間一〇〇棟。将来的には年間販売戸数二〇〇棟を予定している。このため「オンリーワンの家づくり」を進めるレイナハウスの中古住宅人気は、今後も続くと考えられる。

自宅用、賃貸用としても検討に値するレイナハウス物件

賃貸物件として一戸建て住宅を考えるとき、汎用性の高い４ＬＤＫ住宅を建てるか、それともレイナハウスのように、広い玄関ホール、オープン階段、天井高のリビングなど、空間重視の住宅を考えるか、判断に悩むところだろう。

空室リスクを考えれば、安全性を重視して、汎用性の高い４ＬＤＫを選ぶのが順当かもしれない。

しかし、特徴的な住宅に住んでみたいというニーズがあるならば、レイナハウスが手掛けるような「オンリーワン」的住宅も考慮に値することはいうまでもない。

自宅用、賃貸用、いずれの場合も、レイナハウスが手掛ける住宅は、検討に値するものと言えそうだ。

株式会社レイナハウス

■所在地
〒221-0052
横浜市神奈川区栄町5-1
横浜クリエーションスクエア13階

■ウェブサイト
http://www.reinahouse.com

◆不動産投資会社ランキング制作委員会

編集後記

ここ数年、賃貸物件の建設が大きく伸びているといわれます。これは日銀のマイナス金利政策の影響で、金融機関が金利を高めに設定しやすいアパート・マンション向けの融資を積極化している影響です。しかし、肝心の貸家の需要はどうかというと、人口減少社会に突入した日本では、すでに全国で800万を超える空き家があるともいわれています。需要よりも供給が増え続けているという現実があります。本書でも繰り返し述べましたが、不動産投資は魅力のある投資の一つには違いありませんが、投資である以上リスクを伴うのも事実です。大きな金額を投資するのですから、それだけ研究と周到な準備をしたいものです。本書のタイトルには「これからはじめる人のための」というコピーを付しました。まさにこれから不動産投資にチャレンジする人にとって、不動産投資の基礎知識を学べるように編集しました。また、不動産投資のよきパートナーとしての不動産投資会社選びに役立つように、注目の会社をランキングで紹介しました。本書が皆さんの不動産投資成功の基礎作りに役立てていただければ望外の幸せです。

●本書掲載のデータ・資料等は2018年4月現在のものです。
●不動産投資会社のランキング指標の★の数は、本書の制作に携わった著者・編集者が比較・検討し、視覚的にわかりやすいように独自に決めたものであり、その会社の実力・業績をそのまま表したものではありません。

これからはじめる人のための
不動産投資会社ランキング2018 東京編

2018年6月14日　第1刷発行

発行人――――――大西京子
制作――――――不動産投資会社ランキング制作委員会
編集／執筆――――崎田正信　横関寿寛　小野寺茂
発行――――――とりい書房
〒164-0013　東京都中野区弥生町2-13-9
03-5351-5990
印刷・製本――――音羽印刷株式会社
デザイン――――株式会社ウエル・プランニング
イラスト――――江口修平

ISBN978-4-86334-103-6